大方廣佛華嚴經　讀誦

47

🪷 일러두기

1. 『독송본 한문·한글역 대방광불화엄경』은 실차난타가 한역(695~699)한 80권 『대방광불화엄경』의 한문 원문과 한글역을 함께 수록한 것이다. 한문에는 음사와 현토를 부기하였다.

2. 원문의 저본은 고종 2년(1865) 월정사에서 인경한 고려대장경 『대방광불화엄경』에 한암 스님이 현토(1949년)한 것을 범룡 스님이 영인 출판(1990년)한 『대방광불화엄경』이다.

3. 한문은 저본에서 누락되었거나 글자가 다르다고 판단된 부분은 저본인 고려대장경 각권의 말미에 교감되어 있는 내용을 중심으로 하고 봉은사판 『대방광불화엄경수소연의초』와 신수대장경 각주에서 밝힌 교감본을 참조하여 보입하고 수정하였다.

4. 한글 번역은 동국역경원에서 발간한 한글 『대방광불화엄경』(운허)을 중심으로 하고 『신화엄경합론』(탄허)과 『대방광불화엄경 강설』(여천무비) 그리고 최근의 여타 번역본 등을 참조하였다.

5. 저본의 원문에서 이체자의 경우 훈글이 제공하는 이체자는 그대로 살리고 훈글이 제공하지 않는 글자는 통용되는 정자로 바꾸었다. 예) 間 → 閒 / 焔 → 燄 / 宫 → 宮 / 偁 → 稱

6. 한글 번역은 독송과 사경을 위하여 정확성과 아울러 가독성을 고려하였다. 극존칭은 부처님과 불경계에 대해서만 사용하였다.

7. 독송본의 차례는 일러두기 → 본문 → 화엄경 목차 → 간행사의 순차이다.
   (법공양판에는 간행사 다음에 간행불사 동참자를 밝혀 두었다.)

8. 독송본의 한글역은 사경의 편의를 도모하기 위해 그 편집을 달리하여 『사경본 한글역 대방광불화엄경』으로 함께 간행한다. 독송본과 사경본 모두 80권 『대방광불화엄경』의 권별 목차 순으로 간행한다.

독송본 한문·한글역

대방광불화엄경 제47권
大方廣佛華嚴經 卷第四十七

33. 불부사의법품 [2]
佛不思議法品 第三十三之二

실차난타 한역
수미해주 한글역

大方廣佛華嚴經第四十七卷變相 周

佛不思議法品三十三之二

대방광불화엄경 제47권 변상도

대방광불화엄경

제47권

33. 불부사의법품 [2]

如是我聞一時
提場中始成正
資輪及衆寶華
海無邊顯現摩
衆寶羅網妙香
現自在雨無盖
行列枝葉光茂
嚴於十影現其
瑠璃爲幹報雜
蓋如雲寶華雜
其果含輝發燄

대방광불화엄경 권제사십칠
大方廣佛華嚴經 卷第四十七

불부사의법품 제삼십삼지이
佛不思議法品 第三十三之二

불자 제불세존 유십종광대불사 무량무
佛子야 **諸佛世尊**이 **有十種廣大佛事**가 **無量無**

변 불가사의 일체세간 제천급인 개
邊하야 **不可思議**라 **一切世間**에 **諸天及人**이 **皆**

불능지 거래현재 소유일체성문독각 역
不能知며 **去來現在**의 **所有一切聲聞獨覺**도 **亦**

불능지 유제여래위신지력
不能知요 **唯除如來威神之力**이니라

대방광불화엄경 제47권

33. 불부사의법품 [2]

"불자여, 모든 부처님 세존께는 열 가지 광대한 불사가 있으니, 한량없고 가없고 불가사의하여 일체 세간의 모든 천신과 사람들이 모두 알 수 없고, 과거와 미래와 현재의 있는 바 일체 성문과 독각도 또한 알 수 없고, 오직 여래의 위신력은 제외한다.

하등 위십
何等이 爲十고

소위일체제불 어진허공변법계일체세계
所謂一切諸佛이 於盡虛空徧法界一切世界

도솔타천 개현수생 수보살행 작대
兜率陀天에 皆現受生하사 修菩薩行하야 作大

불사
佛事하시나라

무량색상 무량위덕 무량광명 무량음
無量色相과 無量威德과 無量光明과 無量音

성 무량언사 무량삼매 무량지혜 소행
聲과 無量言辭와 無量三昧와 無量智慧의 所行

경계 섭취일체인천마범사문바라문아수
境界로 攝取一切人天魔梵沙門婆羅門阿脩

라등 대자무애 대비구경 평등요익
羅等하사 大慈無礙하며 大悲究竟하야 平等饒益

무엇이 열인가?

이른바 일체 모든 부처님께서 온 허공과 법계에 두루한 일체 세계의 도솔타천에 태어남을 다 나타내어 보살행을 닦아 큰 불사를 지으신다.

한량없는 색상과 한량없는 위덕과 한량없는 광명과 한량없는 음성과 한량없는 말씀과 한량없는 삼매와 한량없는 지혜의 행하는 바 경계로써 일체 사람과 천신과 마군과 범천과 사문과 바라문과 아수라 등을 거두어 주는데, 대자가 걸림이 없고 대비가 끝까지 이르러 일체 중생을 평등하게 요익하게 하신다.

일체중생
一切衆生하니라

혹령생천　　혹령생인　　혹정기근　　혹조
或令生天하며 或令生人하며 或淨其根하며 或調

기심　　혹시위설차별삼승　　혹시위설원
其心하며 或時爲說差別三乘하며 或時爲說圓

만일승　　보개제도　　영출생사
滿一乘하사 普皆濟度하야 令出生死하나니라

시위제일광대불사
是爲第一廣大佛事니라

불자　일체제불　종도솔천　　강신모태
佛子야 一切諸佛이 從兜率天으로 降神母胎하사대

이구경삼매　관수생법　여환여화　　여영
以究竟三昧로 觀受生法이 如幻如化하며 如影

혹 천상에 태어나게 하며, 혹 인간에 태어나게 하며, 혹 그 근을 깨끗이 하며, 혹 그 마음을 조복하신다. 혹은 때로 차별한 삼승을 설하고, 혹은 때로 원만한 일승을 설하여, 널리 모두 제도하여 생사에서 벗어나게 하신다.

이것이 첫째 광대한 불사이다.

불자여, 일체 모든 부처님께서 도솔천에서 내려와 모태에 들며 구경의 삼매로 태어나는 법을 관찰하되 환과 같고, 허깨비와 같고, 그림자와 같고, 허공과 같고, 더울 때의 아지랑이와 같아서, 즐김을 따라 태어남이 한량없고 걸

여공　　　여열시염　　　수락이수　　　무량무
如空하며　如熱時燄하사　隨樂而受하야　無量無

애　　　입무쟁법　　　기무착지　　　이욕청정
礙하야　入無諍法하고　起無著智하야　離欲淸淨하야

성취광대묘장엄장　　　수최후신　　　주대보
成就廣大妙莊嚴藏하며　受最後身하사　住大寶

장엄누각　　　이작불사
莊嚴樓閣하야　而作佛事하시니라

혹이신력　　　이작불사　　　혹이정념　　　이작
或以神力으로　而作佛事하며　或以正念으로　而作

불사　　　혹현신통　　　이작불사　　　혹현지
佛事하며　或現神通하야　而作佛事하며　或現智

일　　　이작불사
日하야　而作佛事하시니라

혹현제불광대경계　　　이작불사　　　혹현제
或現諸佛廣大境界하야　而作佛事하며　或現諸

림이 없으며, 다툼이 없는 법에 들어가고 집착이 없는 지혜를 일으켜 탐욕을 여의고 청정하여 광대하고 미묘한 장엄의 창고를 성취하며, 최후의 몸을 받아 큰 보배로 장엄한 누각에 머무르면서 불사를 지으신다.

혹은 위신력으로 불사를 짓고, 혹은 바른 생각으로 불사를 짓고, 혹은 신통을 나타내어 불사를 짓고, 혹은 지혜의 태양을 나타내어 불사를 지으신다.

혹은 모든 부처님의 광대한 경계를 나타내어 불사를 짓고, 혹은 모든 부처님의 한량없는 광명을 나타내어 불사를 짓고, 혹은 수없이 넓

불무량광명　　이작불사　　혹입무수광대
佛無量光明하야　而作佛事하며　或入無數廣大

삼매　　이작불사　　혹현종피제삼매기
三昧하야　而作佛事하며　或現從彼諸三昧起하야

이작불사
而作佛事하시니라

불자　여래이시　재모태중　위욕이익일
佛子야　如來爾時에　在母胎中하야　爲欲利益一

체세간　종종시현　이작불사
切世間하사　種種示現하야　而作佛事하시니라

소위혹현초생　혹현동자　혹현재궁
所謂或現初生하며　或現童子하며　或現在宮하며

혹현출가　혹부시현성등정각　혹부시
或現出家하며　或復示現成等正覺하며　或復示

현전묘법륜　혹시현어입반열반
現轉妙法輪하며　或示現於入般涅槃하시니라

고 큰 삼매에 들어 불사를 짓고, 혹은 저 모든 삼매에서 일어나 불사를 지으신다.

불자여, 여래께서 그때 모태 안에 있으면서 일체 세간을 이익하게 하려고 갖가지로 나타내 보여 불사를 지으신다.

이른바 혹은 처음 탄생함을 나타내고, 혹은 동자를 나타내고, 혹은 궁전에 있음을 나타내고, 혹은 출가함을 나타내고, 혹은 다시 평등한 바른 깨달음을 이룸을 나타내 보이고, 혹은 다시 미묘한 법륜 굴림을 나타내 보이고, 혹은 열반에 듦을 나타내 보이신다.

이와 같이 모두 갖가지 방편으로써 일체 방

여시개이종종방편　　어일체방　　일체망
如是皆以種種方便으로 **於一切方**과 **一切網**과

일체선　　일체종　　일체세계중　　이작불
一切旋과 **一切種**과 **一切世界中**에 **而作佛**

사
事하시니라

시위제이광대불사
是爲第二廣大佛事니라

불자　　일체제불　　일체선업　　개이청정
佛子야 **一切諸佛**이 **一切善業**이 **皆已淸淨**하며

일체생지　　개이명결　　　이이생법　　유도
一切生智가 **皆已明潔**하사대 **而以生法**으로 **誘導**

군미　　영기개오　　구행중선　　위중생
群迷하사 **令其開悟**하야 **具行衆善**하야 **爲衆生**

위와 일체 그물과 일체 도는 것과 일체 종과 일체 세계 안에서 불사를 지으신다.

이것이 둘째 광대한 불사이다.

불자여, 일체 모든 부처님께서 일체 착한 업이 다 이미 청정하였고 일체 생겨나는 지혜가 다 이미 밝고 깨끗해졌으나, 생겨나는 법으로써 미혹한 중생들을 달래어 인도하여 그들로 하여금 깨달아서 온갖 착한 일을 갖추어 행하게 하며 중생들을 위한 까닭으로 왕궁에 탄생함을 보이신다.

일체 모든 부처님께서 모든 물질과 욕망과

고　시탄왕궁
故로 示誕王宮하시니라

일체제불　어제색욕궁전기악　개이사리
一切諸佛이 於諸色欲宮殿妓樂에 皆已捨離하사

무소탐염
無所貪染하시니라

상관제유　공무체성　일체낙구　실부진
常觀諸有가 空無體性하야 一切樂具가 悉不眞

실　지불정계　구경원만
實하며 持佛淨戒하야 究竟圓滿하시니라

관제내궁　처첩시종　생대비민　관제
觀諸內宮의 妻妾侍從하고 生大悲愍하며 觀諸

중생　허망불실　기대자심　관제세
衆生의 虛妄不實하고 起大慈心하며 觀諸世

간　무일가락　이생대희　어일체법
間이 無一可樂하고 而生大喜하며 於一切法에

궁전과 기악을 모두 이미 버리고 여의어서 탐하고 물드는 바가 없으시다.

모든 존재가 공하여 자체의 성품이 없고 일체 즐길거리가 다 진실하지 않음을 항상 관찰하며, 부처님의 청정한 계를 지니어 끝까지 원만하게 하신다.

모든 궁전 내의 처첩과 시종들을 보고는 대비로 가엾게 여기는 마음을 내며, 모든 중생들이 허망하여 진실하지 아니함을 보고는 대자의 마음을 일으키며, 모든 세간이 하나도 즐거울 것이 없음을 보고는 대희의 마음을 내며, 일체 법에 마음이 자재함을 얻고는 대사

심득자재　이기대사
心得自在하야 而起大捨하시니라

구불공덕　현생법계　신상원만　권속
具佛功德하야 現生法界하야 身相圓滿하고 眷屬

청정　이어일체　개무소착　이수류
清淨호대 而於一切에 皆無所著하며 以隨類

음　위중연설　영어세법　심생염리
音으로 爲衆演說하사 令於世法에 深生厭離하야

여기소행　시소득과
如其所行하야 示所得果하시니라

부이방편　수응교화　미성숙자　영기
復以方便으로 隨應教化하사 未成熟者로 令其

성숙　이성숙자　영득해탈　위작불사
成熟하고 已成熟者로 令得解脫하야 爲作佛事하야

영불퇴전
令不退轉하시니라

의 마음을 일으키신다.

　부처님의 공덕을 갖추고 법계에 남을 나타내어 몸 모습이 원만하고 권속이 청정하되 일체에 모두 집착하는 바가 없으며, 부류를 따르는 음성으로 대중을 위해 연설하며, 세상 법에 깊이 싫어하여 여의는 마음을 내게 하고, 그 행하는 바와 같이 얻는 바 과보를 보이신다.

　다시 방편으로써 응함을 따라 교화하되, 성숙하지 못한 자는 그로 하여금 성숙하게 하며, 이미 성숙한 자는 해탈을 얻게 하며, 위하여 불사를 지어 퇴전하지 않게 하신다.

부 이 광 대 자 비 지 심　　　항 위 중 생　　　설 종 종
復以廣大慈悲之心으로　恒爲衆生하야　說種種

법　　　우 위 시 현 삼 종 자 재　　　영 기 개 오　　　심
法하며　又爲示現三種自在하사　令其開悟하야　心

득 청 정
得淸淨하시니라

수 처 내 궁　　　중 소 함 도　　　이 어 일 체 제 세 계
雖處內宮하야　衆所咸覩나　而於一切諸世界

중　　　시 작 불 사　　　이 대 지 혜　　　이 대 정 진
中에　施作佛事하사　以大智慧와　以大精進으로

시 현 종 종 제 불 신 통　　　무 애 무 진　　　항 주 삼
示現種種諸佛神通하사대　無礙無盡하야　恒住三

종 교 방 편 업
種巧方便業하시니라

소 위 신 업　　구 경 청 정　　어 업　　상 수 지 혜 이
所謂身業이　究竟淸淨하며　語業이　常隨智慧而

다시 광대한 자비의 마음으로 항상 중생들을 위하여 갖가지 법을 설하며, 또 세 가지 자재함을 나타내 보여 그들로 하여금 깨달아서 마음이 청정하게 하신다.

비록 궁전 내에 있어서 대중들이 다 보는 바이나 일체 모든 세계에서 불사를 지으며, 큰 지혜와 큰 정진으로 갖가지 모든 부처님의 신통을 나타내 보이되, 걸림이 없고 다함이 없으며 항상 세 가지 교묘한 방편의 업에 머무르신다.

이른바 몸의 업이 끝까지 청정하며, 말의 업이 항상 지혜를 따라 행하며, 뜻의 업이 매우

행   의업   심심   무유장애   이시방편
行하며 意業이 甚深하야 無有障礙니 以是方便으로

이익중생
利益衆生하시니라

시위제삼광대불사
是爲第三廣大佛事니라

불자   일체제불   시처종종장엄궁전   관
佛子야 一切諸佛이 示處種種莊嚴宮殿하사   觀

찰염리   사이출가   욕사중생   요지세
察厭離하야 捨而出家하사 欲使衆生으로 了知世

법   개시망상   무상패괴   심기염리
法이 皆是妄想이라 無常敗壞하야 深起厭離하야

불생염착   영단세간탐애번뇌   수청정
不生染著하야 永斷世間貪愛煩惱하고 修淸淨

깊어 장애가 없으니, 이 방편으로 중생들을 이익하게 하신다.

이것이 셋째 광대한 불사이다.

불자여, 일체 모든 부처님께서 갖가지로 장엄한 궁전에 있으면서 관찰하고는 싫어해 여의어 버리고 출가함을 보이신다. 중생들로 하여금 세상 법이 모두 망상이라 항상함이 없이 부서져 무너지는 것임을 밝게 알아서 깊이 싫어해 여읨을 일으켜 물들어 집착함을 내지 않으며, 세간의 탐욕과 애착의 번뇌를 길이 끊고 청정한 행을 닦게 하여 중생들을 이익하게 하

행　　이익중생
行하야 利益衆生하시나니라

당출가시　　사속위의　　주무쟁법　　만족
當出家時하야 捨俗威儀하고 住無諍法하야 滿足

본원무량공덕　　이대지광　　멸세치암
本願無量功德하며 以大智光으로 滅世癡闇하야

위제세간무상복전　　상위중생　　찬불공
爲諸世間無上福田하며 常爲衆生하야 讚佛功

덕　　영어불소　　식제선본　　이지혜안
德하야 令於佛所에 植諸善本하며 以智慧眼으로

견진실의
見眞實義하시나라

부위중생　　찬설출가　　청정무과　　영득
復爲衆生하야 讚說出家가 淸淨無過하야 永得

출리　　장위세간지혜고당
出離하야 長爲世間智慧高幢이니라

시고자 함이다.

출가할 때에는 세속의 위의를 버리고 다툼이 없는 법에 머물러 본래의 서원과 한량없는 공덕을 만족한다. 큰 지혜의 빛으로 세간의 어리석은 어둠을 소멸하고 모든 세간의 위없는 복밭이 되며, 항상 중생들을 위하여 부처님의 공덕을 찬탄하여 부처님 처소에서 모든 착함의 근본을 심으며 지혜의 눈으로 진실한 이치를 보게 하신다.

다시 중생들을 위하여 출가가 청정하고 허물이 없어서 영원히 벗어남을 얻어 길이 세간의 지혜의 높은 깃대가 됨을 찬탄하신다.

시위제사광대불사
是爲第四廣大佛事니라

불자 일체제불 구일체지 어무량법
佛子야 一切諸佛이 具一切智하사 於無量法에

실이지견 보리수하 성최정각 항복
悉已知見하사대 菩提樹下에 成最正覺하사 降伏

중마 위덕특존
衆魔에 威德特尊하시니라

기신 충만일체세계 신력소작 무변무
其身이 充滿一切世界하야 神力所作이 無邊無

진 어일체지소행지의 개득자재 수
盡하며 於一切智所行之義에 皆得自在하사 修

제공덕 실이원만
諸功德하야 悉已圓滿하시니라

이것이 넷째 광대한 불사이다.

불자여, 일체 모든 부처님께서 일체지를 갖추어서 한량없는 법을 모두 이미 알고 보았으며, 보리수 아래에서 가장 바른 깨달음을 이루어 온갖 마군을 항복 받음에 위덕이 특히 높으시다.

그 몸이 일체 세계에 가득하고 위신력으로 짓는 바가 가없고 다함이 없으며, 일체지로 행하는 바의 뜻에 모두 자재함을 얻어서, 모든 공덕을 닦아 다 이미 원만하시다.

그 보리좌는 장엄을 구족하여 시방의 일체

기보리좌　　구족장엄　　　주변시방일체세
其菩提座가　具足莊嚴하야　周徧十方一切世

계　　　불처기상　　　전묘법륜　　　설제보살
界어든　佛處其上하사　轉妙法輪하야　說諸菩薩의

소유행원
所有行願하니라

개시무량제불경계　　　　영제보살　　　개득오
開示無量諸佛境界하사　令諸菩薩로　皆得悟

입　　　수행종종청정묘행　　　부능시도일체
入하야　修行種種淸淨妙行하며　復能示導一切

중생　　　영종선근　　　생어여래평등지중
衆生하사　令種善根하야　生於如來平等地中하며

주제보살무변묘행　　　성취일체공덕승법
住諸菩薩無邊妙行하사　成就一切功德勝法하니라

일체세계　　　일체중생　　　일체불찰　　　일체제
一切世界와　一切衆生과　一切佛刹과　一切諸

세계에 두루한데, 부처님께서 그 위에 앉아서 미묘한 법륜을 굴리어 모든 보살들의 있는 바 행원을 설하신다.

한량없는 모든 부처님의 경계를 열어 보여서, 모든 보살들로 하여금 다 깨달아 들어감을 얻고 갖가지 청정하고 미묘한 행을 수행하게 하며, 다시 능히 일체 중생에게 보이고 인도하여 선근을 심어 여래의 평등한 땅에 나며, 모든 보살들의 가없이 미묘한 행에 머물러 일체 공덕의 수승한 법을 성취하게 하신다.

일체 세계와 일체 중생과 일체 부처님 세계와 일체 모든 법과 일체 보살과 일체 교화와

법　일체보살　일체교화　일체삼세　일체
法과 一切菩薩과 一切敎化와 一切三世와 一切

조복　일체신변　일체중생심지낙욕　실선
調伏과 一切神變과 一切衆生心之樂欲을 悉善

요지　　이작불사
了知하야 而作佛事니라

시위제오광대불사
是爲第五廣大佛事니라

불자　일체제불　전불퇴법륜　영제보살
佛子야 一切諸佛이 轉不退法輪은 令諸菩薩로

불퇴전고　전무량법륜　영일체세간　　함
不退轉故며 轉無量法輪은 令一切世間으로 咸

요지고
了知故니라

일체 삼세와 일체 조복과 일체 신통 변화와 일체 중생의 마음의 욕락을 모두 잘 밝게 알아서 불사를 지으신다.

이것이 다섯째 광대한 불사이다.

불자여, 일체 모든 부처님께서 물러나지 않는 법륜을 굴리시니 모든 보살들이 퇴전하지 않게 하는 까닭이며, 한량없는 법륜을 굴리시니 일체 세간이 다 분명히 알게 하는 까닭이다.

일체를 깨닫게 하는 법륜을 굴리시니 능히 크게 두려움 없이 사자후하는 까닭이며, 일체

전개오일체법륜　　능대무외사자후고　　전
轉開悟一切法輪은 **能大無畏師子吼故**며 **轉**

일체법지장법륜　　개법장문　　　제암장고
一切法智藏法輪은 **開法藏門**하야 **除闇障故**며

전무애법륜　　등허공고　　전무착법륜　　관일
轉無礙法輪은 **等虛空故**며 **轉無著法輪**은 **觀一**

체법　　비유무고
切法이 **非有無故**니라

전조세법륜　　영일체중생　　정법안고　　　전
轉照世法輪은 **令一切衆生**으로 **淨法眼故**며　 **轉**

개시일체지법륜　　실변일체삼세법고　　　전
開示一切智法輪은 **悉徧一切三世法故**며 **轉**

일체불동일법륜　　일체불법　　불상위고
一切佛同一法輪은 **一切佛法**이 **不相違故**니라

일체제불　　이여시등무량무수백천억나유
一切諸佛이 **以如是等無量無數百千億那由**

법의 지혜 창고 법륜을 굴리시니 법장의 문을 열어 어두움의 장애를 없애는 까닭이며, 걸림이 없는 법륜을 굴리시니 허공과 같은 까닭이며, 집착이 없는 법륜을 굴리시니 일체 법이 있음도 없음도 아님을 관하는 까닭이다.

세상을 비추는 법륜을 굴리시니 일체 중생으로 하여금 법의 눈을 깨끗하게 하는 까닭이며, 일체지를 열어 보이는 법륜을 굴리시니 일체 삼세의 법에 다 두루하는 까닭이며, 일체 부처님과 동일한 법륜을 굴리시니 일체 부처님의 법이 서로 어기지 않는 까닭이다.

일체 모든 부처님께서 이와 같은 등 한량없

타법륜   수제중생   심행차별   이작불
他法輪_{으로} 隨諸衆生_의 心行差別_{하사} 而作佛

사   불가사의
事_{하야} 不可思議_{니라}

시위제육광대불사
是爲第六廣大佛事_{니라}

불자   일체제불   입어일체왕도성읍   위
佛子_야 一切諸佛_이 入於一切王都城邑_{하사} 爲

제중생   이작불사
諸衆生_{하야} 而作佛事_{하나니라}

소위인왕도읍   천왕도읍   용왕   야차왕
所謂人王都邑_과 天王都邑_과 龍王_과 夜叉王_과

건달바왕   아수라왕   가루라왕   긴나라
乾闥婆王_과 阿脩羅王_과 迦樓羅王_과 緊那羅

고 수없는 백천억 나유타 법륜으로 모든 중생들 마음의 행의 차별을 따라서 불사를 지으심이 불가사의하다.

이것이 여섯째 광대한 불사이다.

불자여, 일체 모든 부처님께서 일체 왕도와 성읍에 들어가서 모든 중생들을 위하여 불사를 지으신다.

이른바 인간 왕의 도읍과, 천왕의 도읍과, 용왕과 야차왕과 건달바왕과 아수라왕과 가루라왕과 긴나라왕과 마후라가왕과 나찰왕과 비사사왕인 이와 같은 왕 등의 일체 도읍이다.

왕   마후라가왕   나찰왕   비사사왕   여시
王과 摩睺羅伽王과 羅刹王과 毗舍闍王인 如是

등왕   일체도읍
等王의 一切都邑이라

입성문시   대지진동   광명보조   맹자
入城門時에 大地震動하고 光明普照하야 盲者

득안   농자득이   광자득심   나자득
得眼하고 聾者得耳하고 狂者得心하고 裸者得

의   제우고자   실득안락   일체악기
衣하고 諸憂苦者가 悉得安樂하며 一切樂器가

불고자명   제장엄구   약착불착   함출묘
不鼓自鳴하고 諸莊嚴具가 若著不著에 咸出妙

음   중생문자   무불흔락
音하야 衆生聞者가 無不欣樂하니라

일체제불   색신청정   상호구족   견자
一切諸佛이 色身淸淨하고 相好具足하사 見者

성문에 들어갈 때에 대지가 진동하고 광명이 널리 비추어 눈먼 자가 눈을 얻고, 귀먹은 자가 귀를 얻고, 미친 자가 마음을 얻고, 헐벗은 자가 옷을 얻고, 모든 근심하고 괴로운 자들이 다 안락을 얻으며, 일체 악기가 두드리지 않아도 스스로 울리고, 모든 장엄거리가 쓰거나 쓰지 않거나 모두 미묘한 소리를 내어 중생들이 듣는 자가 기뻐하고 즐거워하지 않음이 없다.

일체 모든 부처님께서 색신이 청정하고 상호가 구족하여 보는 자가 싫어함이 없어서 능히 중생들을 위하여 불사를 지으신다.

무염　　능위중생　　작어불사
無厭하야 能爲衆生하야 作於佛事하나니라

소위약고시　　약관찰　　약동전　　약굴신　　약
所謂若顧視와 若觀察과 若動轉과 若屈伸과 若

행약주　　약좌약와　　약묵약어　　약현신통
行若住와 若坐若卧와 若黙若語와 若現神通과

약위설법　　약유교칙　　여시일체　　개위중
若爲說法과 若有敎勅한 如是一切로 皆爲衆

생　　이작불사
生하사 而作佛事하니라

일체제불　　보어일체무수세계종종중생심
一切諸佛이 普於一切無數世界種種衆生心

락해중　권령염불　　상근관찰　　종제선
樂海中에 勸令念佛하야 常勤觀察하야 種諸善

근　　수보살행　　탄불색상　미묘제일
根하야 修菩薩行하니라 歎佛色相이 微妙第一호대

이른바 혹은 돌아보며, 혹은 관찰하며, 혹은 움직이고 돌며, 혹은 굽히고 펴며, 혹은 가며, 혹은 머무르며, 혹은 앉으며, 혹은 누우며, 혹은 침묵하며, 혹은 말하며, 혹은 신통을 나투며, 혹은 법을 설하며, 혹은 가르치고 타이르는, 이와 같은 일체로 모두 중생들을 위하여 불사를 지으신다.

일체 모든 부처님께서 널리 일체 수없는 세계의 갖가지 중생 마음의 즐겨하는 바다에서 권하여 부처님을 생각하게 하고 항상 부지런히 관찰하며 모든 선근을 심어 보살행을 닦게 하신다. 부처님의 색상이 미묘하고 제일이어서

일체중생　난가치우　약유득견　이흥신
一切衆生이 難可值遇니 若有得見하야 而興信

심　　즉생일체무량선법　집불공덕　　보
心이면 則生一切無量善法하야 集佛功德하야 普

개청정
皆淸淨이라하니라

여시칭찬불공덕이　분신보왕시방세계
如是稱讚佛功德已에 分身普往十方世界하사

영제중생　　실득첨봉　사유관찰　승사
令諸衆生으로 悉得瞻奉하야 思惟觀察하며 承事

공양　종제선근　　득불환희　증장불
供養하야 種諸善根하야 得佛歡喜하고 增長佛

종　실당성불　이여시행　이작불사
種하야 悉當成佛이니 以如是行으로 而作佛事하니라

혹위중생　시현색신　혹출묘음　혹단
或爲衆生하야 示現色身하며 或出妙音하며 或但

일체 중생이 만나기 어려우나, 만약 친견하여 신심을 일으키면 곧 일체 한량없이 착한 법을 내어 부처님의 공덕을 모아 널리 다 청정하여 짐을 찬탄하신다.

이와 같이 부처님의 공덕을 찬탄하고는 몸을 나누어 시방세계로 널리 가서 모든 중생들로 하여금 다 우러러 받들며 사유하고 관찰하며, 받들어 섬기고 공양올리며, 모든 선근을 심어 부처님을 환희하시게 하고 부처님의 종자를 증장하여 모두 마땅히 성불하게 하시니, 이와 같은 행으로써 불사를 지으신다.

혹은 중생들을 위하여 색신을 나타내 보이

미소　　　영기신락　　　두정예경　　　곡궁합장
微笑하사　令其信樂하야　頭頂禮敬하며　曲躬合掌하며

칭양찬탄　　　문신기거　　　이작불사
稱揚讚歎하며　問訊起居하야　而作佛事하나니라

일체제불　　　이여시등무량무수불가언설불
一切諸佛이　以如是等無量無數不可言說不

가사의종종불사　　　어일체세계중　　　수제중
可思議種種佛事로　於一切世界中에　隨諸衆

생심지소락　　　이본원력　　　대자비력　　　일체
生心之所樂하사　以本願力과　大慈悲力과　一切

지력　　　방편교화　　　실령조복
智力으로　方便敎化하사　悉令調伏이니라

시위제칠광대불사
是爲第七廣大佛事니라

며 혹은 미묘한 음성을 내며 혹은 다만 미소를 지어서 그들로 하여금 믿고 즐겨하여 머리를 숙여 예경하고 몸을 굽혀 합장하며, 드날리고 찬탄하며, 기거함을 문안하게 하시어 불사를 지으신다.

일체 모든 부처님께서 이와 같은 등 한량없고 수없고 말할 수 없고 불가사의한 갖가지 불사로써 일체 세계에서 모든 중생들의 마음에 즐겨하는 바를 따라서, 본래의 원력과 큰 자비의 힘과 일체지의 힘으로써 방편으로 교화하여 다 조복하게 하신다.

이것이 일곱째 광대한 불사이다.

불자　일체제불　혹주아란야처　　이작불
佛子야 一切諸佛이 或住阿蘭若處하야 而作佛

사　　혹주적정처　　이작불사　　혹주공한
事하며 或住寂靜處하야 而作佛事하며 或住空閑

처　　이작불사
處하야 而作佛事하니라

혹주불주처　　이작불사　　혹주삼매　　이
或住佛住處하야 而作佛事하며 或住三昧하야 而

작불사　　혹독처원림　　이작불사　　혹은
作佛事하며 或獨處園林하야 而作佛事하며 或隱

신불현　　이작불사
身不現하야 而作佛事하니라

혹주심심지　　이작불사　　혹주제불무비
或住甚深智하야 而作佛事하며 或住諸佛無比

경계　　이작불사　　혹주불가견종종신행
境界하야 而作佛事하며 或住不可見種種身行하야

불자여, 일체 모든 부처님께서 혹은 아란야 처소에 머무르면서 불사를 짓고, 혹은 적정한 곳에 머무르면서 불사를 짓고, 혹은 텅 비고 한가한 곳에 머무르면서 불사를 지으신다.

혹은 부처님이 머무르신 곳에 머무르면서 불사를 짓고, 혹은 삼매에 머무르면서 불사를 짓고, 혹은 동산의 숲에 홀로 머무르면서 불사를 짓고, 혹은 몸을 숨기고 나타나지 않으면서 불사를 지으신다.

혹은 매우 깊은 지혜에 머물러서 불사를 짓고, 혹은 모든 부처님의 견줄 데 없는 경계에 머물러서 불사를 짓고, 혹은 볼 수 없는 갖가

수제중생　　심락욕해　　방편교화　　무유
隨諸衆生의 心樂欲解하사 方便敎化호대 無有

휴식　　이작불사
休息하야 而作佛事하니라

혹이천신　　구일체지　　이작불사　　혹이
或以天身으로 求一切智하야 而作佛事하며 或以

용신　　야차신　　건달바신　　아수라신　　가루
龍身과 夜叉身과 乾闥婆身과 阿脩羅身과 迦樓

라신　　긴나라신　　마후라가　　인비인등신
羅身과 緊那羅身과 摩睺羅伽와 人非人等身으로

구일체지　　이작불사　　혹이성문신　　독
求一切智하야 而作佛事하며 或以聲聞身과 獨

각신　　보살신　　구일체지　　이작불사
覺身과 菩薩身으로 求一切智하야 而作佛事하며

혹시설법　　혹시적묵　　이작불사
或時說法하고 或時寂黙하야 而作佛事하니라

지 몸과 행에 머물러서 모든 중생들의 마음에 즐겨함과 욕망과 지해를 따라 방편으로 교화하되 휴식함이 없이 불사를 지으신다.

혹은 천신의 몸으로 일체지를 구하면서 불사를 짓고, 혹은 용의 몸과 야차의 몸과 건달바의 몸과 아수라의 몸과 가루라의 몸과 긴나라의 몸과 마후라가와 사람인 듯 사람 아닌 듯한 이 등의 몸으로 일체지를 구하면서 불사를 짓고, 혹은 성문의 몸과 독각의 몸과 보살의 몸으로 일체지를 구하면서 불사를 짓고, 어떤 때는 법을 설하고 어떤 때는 고요히 침묵하여 불사를 지으신다.

혹설일불　　혹설다불　　이작불사　　혹설
或說一佛하고 或說多佛하야 而作佛事하며 或說

제보살　　일체행일체원　　위일행원　　이작
諸菩薩의 一切行一切願이 爲一行願하야 而作

불사　　혹설제보살　　일행일원　　위무량행
佛事하며 或說諸菩薩의 一行一願이 爲無量行

원　　이작불사　　혹설불경계　　즉세간경
願하야 而作佛事하며 或說佛境界가 即世間境

계　　이작불사　　혹설세간경계　　즉불경
界하야 而作佛事하며 或說世間境界가 即佛境

계　　이작불사　　혹설불경계　　즉비경계
界하야 而作佛事하며 或說佛境界가 即非境界하야

이작불사
而作佛事하니라

혹주일일　　혹주일야　　혹주반월　　혹주
或住一日하고 或住一夜하고 或住半月하고 或住

혹은 한 부처님을 설하고 혹은 많은 부처님을 설하여 불사를 짓고, 혹은 모든 보살들의 일체 행과 일체 원이 한 행과 원이 됨을 설하여 불사를 짓고, 혹은 모든 보살들의 한 행과 한 원이 한량없는 행과 원이 됨을 설하여 불사를 짓고, 혹은 부처님의 경계가 곧 세간의 경계임을 설하여 불사를 짓고, 혹은 세간의 경계가 곧 부처님의 경계임을 설하여 불사를 짓고, 혹은 부처님의 경계가 곧 경계가 아님을 설하여 불사를 지으신다.

혹은 하루를 머무르고, 혹은 하룻밤을 머무르고, 혹은 반달을 머무르고, 혹은 한 달을

일월　　혹주일년　　내지주불가설겁　　위
一月하고 或住一年하며 乃至住不可說劫하사 爲

제중생　　이작불사
諸衆生하야 而作佛事하나니라

시위제팔광대불사
是爲第八廣大佛事니라

불자　　일체제불　　시생청정선근지장　　영
佛子야 一切諸佛이 是生淸淨善根之藏이라 令

제중생　　어불법중　　생정신해　　제근조
諸衆生으로 於佛法中에 生淨信解하야 諸根調

복　　영리세간　　영제보살　　어보리도
伏하야 永離世間하며 令諸菩薩로 於菩提道에

구지혜명　　불유타오
具智慧明하야 不由他悟하나니라

머무르고, 혹은 일 년을 머무르고, 내지 말할 수 없는 겁을 머무르면서 모든 중생들을 위하여 불사를 지으신다.

이것이 여덟째 광대한 불사이다.

불자여, 일체 모든 부처님은 청정한 선근을 내는 창고이시다. 모든 중생들로 하여금 부처님 법 가운데 깨끗한 믿음과 지혜를 내고 모든 근을 조복하여 길이 세간을 여의게 하며, 모든 보살들로 하여금 보리의 도에 지혜의 밝음을 갖추어 다른 이를 말미암지 않고 깨닫게 하신다.

혹현열반　　이작불사　　혹현세간　　개실
或現涅槃하야 **而作佛事**하며 **或現世間**이 **皆悉**

무상　　　이작불사　　혹설불신　　이작불
無常하야 **而作佛事**하며 **或說佛身**하야 **而作佛**

사　　혹설소작　　개실이판　　이작불사
事하며 **或說所作**이 **皆悉已辦**하야 **而作佛事**하니라

혹설공덕　　원만무결　　이작불사　　혹설
或說功德이 **圓滿無缺**하야 **而作佛事**하며 **或說**

영단제유근본　　이작불사　　혹령중생
永斷諸有根本하야 **而作佛事**하며 **或令衆生**으로

염리세간　　수순불심　　이작불사　　혹설
厭離世間하고 **隨順佛心**하야 **而作佛事**하며 **或說**

수명　종귀어진　　이작불사
壽命이 **終歸於盡**하야 **而作佛事**하니라

혹설세간　무일가락　　이작불사　　혹위
或說世間이 **無一可樂**하야 **而作佛事**하며 **或爲**

혹은 열반을 나타내어 불사를 지으며, 혹은 세간이 모두 다 무상함을 나타내어 불사를 지으며, 혹은 부처님의 몸을 설하여 불사를 지으며, 혹은 짓는 바가 모두 다 이미 갖추어졌음을 설하여 불사를 지으신다.

혹은 공덕이 원만하고 모자람이 없음을 설하여 불사를 지으며, 혹은 모든 존재의 근본을 영원히 끊음을 설하여 불사를 지으며, 혹은 중생으로 하여금 세간을 싫어하여 떠나고 부처님의 마음을 수순하게 하여 불사를 지으며, 혹은 수명이 마침내 다함에 돌아감을 설하여 불사를 지으신다.

선설진미래제　　공양제불　　이작불사
宣說盡未來際토록　供養諸佛하야　而作佛事하며

혹설제불　　전정법륜　　영기득문　　생대
或說諸佛이　轉淨法輪하사　令其得聞하고　生大

환희　　이작불사　　혹위선설제불경계
歡喜하야　而作佛事하며　或爲宣說諸佛境界하사

영기발심　　이수제행　　이작불사
令其發心하야　而修諸行하야　而作佛事하니라

혹위선설염불삼매　　영기발심　　상락견
或爲宣說念佛三昧하사　令其發心하야　常樂見

불　　이작불사　　혹위선설제근청정　　근
佛하야　而作佛事하며　或爲宣說諸根淸淨하사　勤

구불도　　심무해퇴　　이작불사　　혹예일
求佛道호대　心無懈退하야　而作佛事하며　或詣一

체제불국토　　관제경계종종인연　　이작
切諸佛國土하사　觀諸境界種種因緣하야　而作

혹은 세간은 하나도 즐거울 것이 없음을 설하여 불사를 지으며, 혹은 미래제가 다하도록 모든 부처님께 공양올림을 설하여 불사를 지으며, 혹은 모든 부처님께서 청정한 법륜을 굴림을 설하여 그들로 하여금 듣고 크게 환희를 내게 하여 불사를 지으며, 혹은 모든 부처님의 경계를 설하여 그들로 하여금 발심해서 모든 행을 닦게 하여 불사를 지으신다.

혹은 염불삼매를 설하여 그들로 하여금 발심하여 항상 부처님을 친견하기를 즐겨하게 하여 불사를 지으며, 혹은 모든 근이 청정하여 부지런히 불도를 구하고 마음이 게을러 물러

불사   혹섭일체제중생신   개위불신
佛事하며 或攝一切諸衆生身하야 皆爲佛身하사

영제해태방일중생   실주여래청정금계
令諸懈怠放逸衆生으로 悉住如來淸淨禁戒하야

이작불사
而作佛事하나니라

시위제구광대불사
是爲第九廣大佛事니라

불자   일체제불   입열반시   무량중생   비
佛子야 一切諸佛이 入涅槃時에 無量衆生이 悲

호체읍   생대우뇌   체상첨고   이작시
號涕泣하야 生大憂惱하야 遞相瞻顧하고 而作是

언   여래세존   유대자비   애민요익일
言호대 如來世尊이 有大慈悲하사 哀愍饒益一

남이 없음을 설하여 불사를 지으며, 혹은 일체 모든 부처님의 국토에 나아가서 모든 경계와 갖가지 인연을 관하여 불사를 지으며, 혹은 일체 모든 중생들의 몸을 거두어 다 부처님의 몸을 삼아 모든 게으르고 방일한 중생들로 하여금 다 여래의 청정한 금계에 머무르게 하여 불사를 지으신다.

이것이 아홉째 광대한 불사이다.

불자여, 일체 모든 부처님께서 열반에 드실 때에 한량없는 중생들이 슬피 울고 눈물 흘리며 큰 근심과 괴로움을 내어 서로 번갈아 쳐

체세간　　여제중생　　위구위귀　　여래출
切世間하야 與諸衆生으로 爲救爲歸니 如來出

현　난가치우　　무상복전　어금영멸
現이 難可値遇어늘 無上福田이 於今永滅이라하나니

즉이여시영제중생　　비호연모　　이작불
即以如是令諸衆生으로 悲號戀慕하야 而作佛

사
事하시니라

부위화도일체천인　용신　야차　건달바
復爲化度一切天人과 龍神과 夜叉와 乾闥婆와

아수라　가루라　긴나라　마후라가　인비
阿脩羅와 迦樓羅와 緊那羅와 摩睺羅伽와 人非

인등고　수기낙욕　자쇄기신　이위사
人等故로 隨其樂欲하야 自碎其身하야 以爲舍

리　무량무수　불가사의　영제중생
利호대 無量無數하야 不可思議하야 令諸衆生으로

다보면서 이 말을 하되 '여래 세존께서 큰 자비가 있으셔서 일체 세간을 가엾게 여기고 요익케 하여, 모든 중생들에게 구호할 이가 되고 귀의처가 되니, 여래의 출현하심을 만나기 어렵거늘 위없는 복밭이 이제 길이 사라지는구나'라고 하니, 곧 이와 같이 모든 중생들로 하여금 슬피 울고 그리워하게 하여 불사를 지으신다.

다시 일체 천신과 사람과 용신과 야차와 건달바와 아수라와 가루라와 긴나라와 마후라가와 사람인 듯 사람 아닌 듯한 이 등을 교화하여 제도하기 위한 까닭으로 그들의 욕락을 따

기정신심　　공경존중　　환희공양　　수제
起淨信心하야　恭敬尊重하고　歡喜供養하야　修諸

공덕　　구족원만
功德하야　具足圓滿하니라

부기어탑　　종종엄식　　어제천궁　　용궁
復起於塔하야　種種嚴飾하야　於諸天宮과　龍宮과

야차궁　　건달바　　아수라　　가루라　　긴나라
夜叉宮과　乾闥婆와　阿脩羅와　迦樓羅와　緊那羅와

마후라가　　인비인등제궁전중　　이위공양
摩睺羅伽와　人非人等諸宮殿中에　以爲供養하며

아치조발　　함이기탑　　영기견자　　개실염
牙齒爪髮을　咸以起塔하야　令其見者로　皆悉念

불염법염승　　신락불회　　성경존중　　재
佛念法念僧하야　信樂不回하며　誠敬尊重하야　在

재처처　　보시공양　　수제공덕
在處處에　布施供養하야　修諸功德하니라

라 스스로 그 몸을 부수어서 사리를 만들되 한량없고 수없고 불가사의하여 모든 중생들로 하여금 청정한 신심을 일으키게 하며, 공경하고 존중하며 환희하고 공양올려 모든 공덕을 닦아서 구족하고 원만하게 하신다.

다시 탑을 세우고 갖가지로 장엄하여 모든 천궁과, 용궁과, 야차의 궁전과, 건달바와 아수라와 가루라와 긴나라와 마후라가와 사람인 듯 사람 아닌 듯한 이 등의 모든 궁전에서 공양을 올린다. 치아와 손톱과 머리카락으로 모두 탑을 세워 그 보는 자들로 하여금 모두 다 부처님을 생각하고 법을 생각하고 스님을 생

이시복고　　혹생천상　　　혹처인간　　　종족
以是福故로 或生天上하며 或處人間호대 種族

존영　　　재산비족　　　소유권속　　　실개청정
尊榮하고 財産備足하며 所有眷屬이 悉皆淸淨하며

불입악취　　　상생선도　　　항득견불　　　구중
不入惡趣하고 常生善道하야 恒得見佛하야 具衆

백법　　　어삼유중　　　속득출리　　　각수소
白法하며 於三有中에 速得出離하야 各隨所

원　　　획자승과　　　어여래소　　　지은보은
願하야 獲自乘果하며 於如來所에 知恩報恩하야

영여세간　　　작소귀의
永與世間으로 作所歸依하나니라

불자　　제불세존　　수반열반　　　잉여중생
佛子야 諸佛世尊이 雖般涅槃이나 仍與衆生으로

작부사의청정복전　　　무진공덕최상복전
作不思議淸淨福田과 無盡功德最上福田하사

각하며 믿음과 즐거움을 돌이키지 않고 정성으로 공경하고 존중하며, 있는 곳마다 보시하고 공양올려 모든 공덕을 닦게 하신다.

이러한 복으로 혹 천상에 태어나고 혹 인간에 거처하되 종족이 존귀하고 재산이 풍족하고 있는 바 권속들이 모두 다 청정하며, 나쁜 길에 떨어지지 않고 항상 좋은 길에 태어나서 늘 부처님을 친견하고 온갖 착한 법을 구족하며, 세 가지 세계에서 빨리 벗어남을 얻어 각각 원하는 바를 따라 자기의 과보를 얻으며, 여래의 처소에서 은혜를 알고 은혜를 갚으며, 길이 세간의 귀의할 바가 된다.

영제중생　　선근구족　　복덕원만
令諸衆生으로 善根具足하며 福德圓滿이니라

시위제십광대불사
是爲第十廣大佛事니라

불자　　차제불사　　무량광대　　불가사의
佛子야 此諸佛事가 無量廣大하야 不可思議하야

일체세간　　제천급인　　급거래금성문독각
一切世間에 諸天及人과 及去來今聲聞獨覺은

개불능지　　유제여래위신소가
皆不能知요 唯除如來威神所加니라

불자여, 모든 부처님 세존께서 비록 반열반
하시더라도 중생들에게 부사의하고 청정한 복
전과 다함없는 공덕의 가장 높은 복전이 되어
모든 중생들로 하여금 선근이 구족하고 복덕
이 원만하게 하신다.

이것이 열째 광대한 불사이다.

불자여, 이 모든 불사가 한량없고 광대하고
불가사의하여, 일체 세간의 모든 천신과 사람
과 그리고 과거 미래 현재의 성문과 독각들은
모두 알 수 없고, 오직 여래의 위신력으로 가
피하신 이는 제외한다.

불자 제불세존 유십종무이행자재법
佛子야 **諸佛世尊**이 **有十種無二行自在法**하시니

하등 위십
何等이 **爲十**고

소위일체제불 실능선설수기언사 결정
所謂一切諸佛이 **悉能善說授記言辭**하야 **決定**

무이 일체제불 실능수순중생심념
無二하며 **一切諸佛**이 **悉能隨順衆生心念**하사

영기의만 결정무이
令其意滿하야 **決定無二**하니라

일체제불 실능현각일체제법 연설기의
一切諸佛이 **悉能現覺一切諸法**하사 **演說其義**하야

결정무이 일체제불 실능구족거래금세
決定無二하며 **一切諸佛**이 **悉能具足去來今世**

제불지혜 결정무이
諸佛智慧하야 **決定無二**하니라

불자여, 모든 부처님 세존께는 열 가지 둘이 없는 행에 자재하신 법이 있으니, 무엇이 열인가?

이른바 일체 모든 부처님께서 수기하는 말씀을 다 능히 잘 설하심이 결정하여 둘이 없으며, 일체 모든 부처님께서 다 능히 중생들 마음에 생각함을 따라 그 뜻을 만족하게 하심이 결정하여 둘이 없다.

일체 모든 부처님께서 다 능히 일체 모든 법을 분명히 깨닫고 그 뜻을 연설하심이 결정하여 둘이 없으며, 일체 모든 부처님께서 과거와 미래와 현재세의 모든 부처님의 지혜를 다 능

일체제불　실지삼세일체찰나　즉일찰나
一切諸佛이 悉知三世一切刹那가 即一刹那하야

결정무이　　일체제불　　실지삼세일체불
決定無二하며 一切諸佛이 悉知三世一切佛

찰　입일불찰　　결정무이
刹이 入一佛刹하야 決定無二하니라

일체제불　실지삼세일체불어　즉일불어
一切諸佛이 悉知三世一切佛語가 即一佛語하야

결정무이　　일체제불　　실지삼세일체제
決定無二하며 一切諸佛이 悉知三世一切諸

불　여기소화일체중생　　체성평등　　결
佛이 與其所化一切衆生으로 體性平等하야 決

정무이
定無二하니라

일체제불　실지세법　급제불법　성무차
一切諸佛이 悉知世法과 及諸佛法이 性無差

히 구족하심이 결정하여 둘이 없다.

일체 모든 부처님께서 삼세의 일체 찰나가 곧 한 찰나임을 다 아시는 것이 결정하여 둘이 없으며, 일체 모든 부처님께서 삼세 일체 부처님의 세계가 한 부처님의 세계에 들어감을 다 아시는 것이 결정하여 둘이 없다.

일체 모든 부처님께서 삼세 일체 부처님의 말씀이 곧 한 부처님의 말씀임을 다 아시는 것이 결정하여 둘이 없으며, 일체 모든 부처님께서 삼세 일체 모든 부처님의 그 교화하실 바 일체 중생과 더불어 자체 성품이 평등함을 다 아시는 것이 결정하여 둘이 없다.

별 결정무이 일체제불 실지삼세일
別하야 決定無二하며 一切諸佛이 悉知三世一

체제불 소유선근 동일선근 결정무
切諸佛의 所有善根이 同一善根하야 決定無

이
二니라

시위십
是爲十이니라

불자 제불세존 유십종주 주일체법
佛子야 諸佛世尊이 有十種住의 住一切法하시니

하등 위십
何等이 爲十고

일체 모든 부처님께서 세상 법과 모든 부처님 법의 성품이 차별 없음을 다 아시는 것이 결정하여 둘이 없으며, 일체 모든 부처님께서 삼세 일체 모든 부처님의 있는 바 선근이 동일한 선근임을 다 아시는 것이 결정하여 둘이 없다.

이것이 열이다.

불자여, 모든 부처님 세존께는 일체 법에 머무르시는 열 가지 머무름이 있으니, 무엇이 열인가?

소위일체제불　　주각오일체법계　　일체제
所謂一切諸佛이 住覺悟一切法界하며 一切諸

불　주대비어
佛이 住大悲語하니라

일체제불　　주본대원　　일체제불　　주불사
一切諸佛이 住本大願하며 一切諸佛이 住不捨

조복중생　　일체제불　　주무자성법　　일
調伏衆生하며 一切諸佛이 住無自性法하며 一

체제불　주평등이익
切諸佛이 住平等利益하니라

일체제불　　주무망실법　　일체제불　　주무
一切諸佛이 住無忘失法하며 一切諸佛이 住無

장애심　　일체제불　　주항정정심　　일체
障礙心하며 一切諸佛이 住恒正定心하며 一切

제불　주등입일체법　　불위실제상
諸佛이 住等入一切法하야 不違實際相이니라

이른바 일체 모든 부처님께서 일체 법계를 깨달음에 머무르시고, 일체 모든 부처님께서 크게 가엾게 여기는 말씀에 머무르신다.

일체 모든 부처님께서 본래의 큰 서원에 머무르시고, 일체 모든 부처님께서 중생들을 버리지 않고 조복함에 머무르시고, 일체 모든 부처님께서 자체 성품이 없는 법에 머무르시고, 일체 모든 부처님께서 평등한 이익에 머무르신다.

일체 모든 부처님께서 잊어버림이 없는 법에 머무르시고, 일체 모든 부처님께서 장애가 없는 마음에 머무르시고, 일체 모든 부처님께서

시 위 십
是爲十이니라

불자   제불세존   유십종지일체법진무유
佛子야 諸佛世尊이 有十種知一切法盡無有

여   하등   위십
餘하시니 何等이 爲十고

소 위 지 과 거 일 체 법   진 무 유 여   지 미 래
所謂知過去一切法하야 盡無有餘하며 知未來

일 체 법   진 무 유 여   지 현 재 일 체 법   진
一切法하야 盡無有餘하며 知現在一切法하야 盡

무 유 여
無有餘하니라

항상 바른 선정의 마음에 머무르시고, 일체 모든 부처님께서 일체 법에 평등하게 들어가 실제의 상을 어기지 않음에 머무르신다.

이것이 열이다.

불자여, 모든 부처님 세존께는 일체 법을 알아 다하고 남음이 없는 것이 열 가지가 있으니, 무엇이 열인가?

이른바 과거의 일체 법을 알아 다하고 남음이 없으며, 미래의 일체 법을 알아 다하고 남음이 없으며, 현재의 일체 법을 알아 다하고

지일체언어법　　진무유여　　지일체세간
知一切言語法하야　盡無有餘하며　知一切世間

도　　진무유여　　지일체중생심　　진무유
道하야　盡無有餘하며　知一切衆生心하야　盡無有

여　　지일체보살선근　　상중하종종분위
餘하며　知一切菩薩善根의　上中下種種分位하야

진무유여
盡無有餘하니라

지일체불원만지　　급제선근　　부증불감
知一切佛圓滿智와　及諸善根의　不增不減하야

진무유여　　지일체법　　개종연기　　진무
盡無有餘하며　知一切法이　皆從緣起하야　盡無

유여　　지일체세계종　　진무유여　　지일
有餘하며　知一切世界種하야　盡無有餘하며　知一

체법계중　　여인다라망제차별사　　진무유
切法界中에　如因陀羅網諸差別事하사　盡無有

남음이 없다.

일체 말하는 법을 알아 다하고 남음이 없으며, 일체 세간의 도리를 알아 다하고 남음이 없으며, 일체 중생의 마음을 알아 다하고 남음이 없으며, 일체 보살의 선근이 상·중·하의 갖가지로 나눈 지위를 알아 다하고 남음이 없다.

일체 부처님의 원만한 지혜와 그리고 모든 선근이 늘지도 않고 줄지도 않음을 알아 다하고 남음이 없으며, 일체 법이 모두 인연으로 좇아 일어남을 알아 다하고 남음이 없으며, 일체 세계종을 알아 다하고 남음이 없으며, 일

여
餘하니라

시 위 십
是爲十이니라

불자 제불세존 유십종력 하등 위
佛子야 **諸佛世尊**이 **有十種力**하시니 **何等**이 **爲**

십
十고

소위광대력 최상력 무량력 대위덕력
所謂廣大力과 **最上力**과 **無量力**과 **大威德力**과

난획력 불퇴력 견고력 불가괴력 일체
難獲力과 **不退力**과 **堅固力**과 **不可壞力**과 **一切**

체 법계 가운데 인다라 그물과 같은 모든 차

별한 일을 알아 다하고 남음이 없다.

　이것이 열이다.

　불자여, 모든 부처님 세존께는 열 가지 힘이

있으니, 무엇이 열인가?

　이른바 광대한 힘과, 가장 높은 힘과, 한량

없는 힘과, 큰 위덕의 힘과, 얻기 어려운 힘과,

물러나지 않는 힘과, 견고한 힘과, 파괴할 수

없는 힘과, 일체 세간이 헤아릴 수 없는 힘과,

일체 중생이 흔들 수 없는 힘이다.

세간부사의력　일체중생무능동력
世間不思議力과 一切衆生無能動力이니라

시위십
是爲十이라

불자　제불세존　유십종대나라연당용건
佛子야 諸佛世尊이 有十種大那羅延幢勇健

법　　하자　위십
法하시니 何者가 爲十고

소위일체제불　신불가괴　명불가단　　세
所謂一切諸佛이 身不可壞며 命不可斷이니 世

간독약　소불능중　일체세계수화풍재
間毒藥의 所不能中이며 一切世界水火風災가

이것이 열이다.

불자여, 모든 부처님 세존께는 열 가지 큰 나라연 당기처럼 용맹하고 굳건한 법이 있으니, 무엇이 열인가?

이른바 일체 모든 부처님은 그 몸을 무너뜨릴 수 없고, 목숨을 끊을 수 없다. 세간의 독약으로 중독시킬 수 없고, 일체 세계의 물과 불과 바람의 재앙이 모두 부처님의 몸을 해할 수 없다.

일체 모든 마군과 천신과 용과 야차와 건달

개어불신　불능위해
皆於佛身에 不能爲害니라

일체제마　천룡　야차　건달바　아수라
一切諸魔와 天龍과 夜叉와 乾闥婆와 阿脩羅와

가루라　긴나라　마후라가　인비인　비
迦樓羅와 緊那羅와 摩睺羅伽와 人非人과 毗

사사　나찰등　진기세력　우대금강　여
舍闍와 羅刹等이 盡其勢力하야 雨大金剛을 如

수미산　급철위산　변어삼천대천세계
須彌山과 及鐵圍山하야 徧於三千大千世界하야

일시구하　불능령불　심유경포
一時俱下라도 不能令佛로 心有驚怖하니라

내지일모　역불요동　행주좌와　초무변
乃至一毛도 亦不搖動하야 行住坐臥에 初無變

역　불소주처사방원근　불령기하　즉
易일새 佛所住處四方遠近에 不令其下하야 則

바와 아수라와 가루라와 긴나라와 마후라가와
사람인 듯 사람 아닌 듯한 이와 비사사와 나
찰 등이 그 세력을 다하여 큰 금강을 비내리
기를 수미산과 철위산과 같이 해서 삼천대천
세계에 두루하여 일시에 함께 내리더라도 능
히 부처님으로 하여금 마음이 놀라거나 두렵
게 하지 못한다.

　내지 한 터럭도 또한 흔들어 움직이지 아니
하고, 가고 서고 앉고 누움에 조금도 변하여
바뀜이 없으며, 부처님께서 머무르신 곳에서
사방으로 멀거나 가까운 곳에 그들로 하여금
내리지 못하게 하면 곧 비내릴 수 없고, 가령

불능우　　가사부제　　이종우지　　종불위
不能雨하며 假使不制하야 而從雨之라도 終不爲

손
損이니라

약유중생　　위불소지　　급불소사　　상불가
若有衆生이 爲佛所持와 及佛所使라도 尙不可

해　　황여래신
害어든 況如來身가

시위제불　　제일대나라연당용건법
是爲諸佛의 第一大那羅延幢勇健法이니라

불자　　일체제불　　이일체법계제세계중수
佛子야 一切諸佛이 以一切法界諸世界中須

미산왕　　급철위산　　대철위산　　대해산림
彌山王과 及鐵圍山과 大鐵圍山과 大海山林과

막지 아니하여 비내리더라도 마침내 손상되지

않는다.

만약 어떤 중생이 부처님의 가지하신 바와

부처님의 심부름하는 바가 되어도 오히려 해

할 수 없는데, 하물며 여래의 몸이겠는가?

이것이 모든 부처님의 첫째 큰 나라연 당기

처럼 용맹하고 굳건한 법이다.

불자여, 일체 모든 부처님께서 일체 법계의

모든 세계 가운데 수미산왕과 철위산과 큰 철

위산과 큰 바다와 산림과 궁전과 집들을 한

모공에 두어서 미래 겁이 다하도록 모든 중생

궁전옥택　　치일모공　　진미래겁　　이제
宮殿屋宅으로 置一毛孔하야 盡未來劫호대 而諸

중생　　불각부지　　유제여래신력소피
衆生이 不覺不知요 唯除如來神力所被니라

불자　이시제불　어일모공　지어이소일체
佛子야 爾時諸佛이 於一毛孔에 持於爾所一切

세계　　진미래겁　　혹행혹주　　혹좌혹
世界하야 盡未來劫토록 或行或住하며 或坐或

와　　불생일념노권지심
臥호대 不生一念勞倦之心하나니라

불자　비여허공　보지일체변법계중소유
佛子야 譬如虛空이 普持一切徧法界中所有

세계　이무노권　일체제불　어일모
世界호대 而無勞倦인달하야 一切諸佛이 於一毛

공　지제세계　역부여시
孔에 持諸世界도 亦復如是니라

들은 깨닫지 못하고 알지 못한다. 오직 여래의 위신력으로 가피받은 이는 제외된다.

불자여, 그때에 모든 부처님께서 한 모공에 저러한 일체 세계를 지니고 미래 겁이 다하도록 혹은 가고 혹은 머무르며 혹은 앉고 혹은 눕더라도 한 생각도 고달픈 마음을 내시지 않는다.

불자여, 비유하면 허공이 일체 온 법계 가운데 있는 바 세계를 널리 지니더라도 고달픔이 없는 것과 같이, 일체 모든 부처님께서 한 모공에 모든 세계를 지니심도 또한 다시 이와 같다.

이것이 모든 부처님의 둘째 큰 나라연 당기처럼 용맹하고 굳건한 법이다.

시위제불　제이대나라연당용건법
是爲諸佛의 第二大那羅延幢勇健法이니라

불자　일체제불　능어일념　기불가설불가
佛子야 一切諸佛이 能於一念에 起不可說不可

설세계미진수보　　일일보　과불가설불가
說世界微塵數步하고 一一步에 過不可說不可

설불찰미진수국토　　여시이행　　경일체
說佛剎微塵數國土하사 如是而行하야 經一切

세계미진수겁
世界微塵數劫하나니라

불자　가사유일대금강산　여상소경일체
佛子야 假使有一大金剛山이 與上所經一切

불찰　기량정등　여시량등대금강산　유
佛剎로 其量正等하야 如是量等大金剛山이 有

불자여, 일체 모든 부처님께서 능히 한 생각에 말할 수 없이 말할 수 없는 세계 미진수의 걸음을 걷고, 낱낱 걸음마다 말할 수 없이 말할 수 없는 부처님 세계 미진수의 국토를 지나며, 이와 같이 걸어서 일체 세계 미진수의 겁을 경과하신다.

불자여, 가령 하나의 큰 금강산이 있는데, 위에서 지나온 바 일체 부처님 세계와 더불어 그 분량이 바로 같으며, 이와 같이 분량이 같은 큰 금강산이 말할 수 없이 말할 수 없는 부처님 세계 미진수가 있는데, 모든 부처님께서 능히 이와 같은 모든 산을 한 모공에 두신다.

불가설불가설불찰미진수　　제불　능이여
不可說不可說佛刹微塵數어든　諸佛이　能以如

시제산　　치일모공
是諸山으로　置一毛孔하나라

불신모공　　여법계중일체중생모공수등
佛身毛孔이　與法界中一切衆生毛孔數等이어든

일일모공　　실치이허대금강산　　지이허
一一毛孔에　悉置爾許大金剛山하야　持爾許

산　　유행시방　　입진허공일체세계　　종
山하고　遊行十方하야　入盡虛空一切世界하야　從

어전제　　진미래제　　일체제겁　　무유휴
於前際로　盡未來際토록　一切諸劫에　無有休

식　　불신무손　　역불노권　　심상재정
息호대　佛身無損하며　亦不勞倦하야　心常在定하야

무유산란
無有散亂이니라

부처님 몸의 모공이 법계 가운데 일체 중생의 모공 수와 같은데, 낱낱 모공에 모두 저러한 큰 금강산을 두고, 저러한 산을 지니고 시방으로 다니면서 온 허공의 일체 세계에 들어가서 앞 시절로부터 미래제가 다하도록 일체 모든 겁 동안 휴식함이 없지만, 부처님 몸은 손상됨이 없다. 또한 고달프지도 않으며, 마음이 항상 정에 있어 산란함이 없으시다.

이것이 모든 부처님의 셋째 큰 나라연 당기처럼 용맹하고 굳건한 법이다.

시위제불   제삼대나라연당용건법
是爲諸佛의 第三大那羅延幢勇健法이니라

불자   일체제불   일좌식이   결가부좌
佛子야 一切諸佛이 一坐食已에 結跏趺坐하야

경전후제불가설겁   입불소수부사의락
經前後際不可說劫토록 入佛所受不思議樂하사

기신안주   적연부동   역불폐사화중생
其身安住하야 寂然不動호대 亦不廢捨化衆生

사
事하나니라

불자   가사유인   어변허공일일세계   실이
佛子야 假使有人이 於徧虛空一一世界를 悉以

모단   차제탁량   제불   능어일모단처
毛端으로 次第度量이라도 諸佛이 能於一毛端處에

불자여, 일체 모든 부처님께서 한 번 앉음에 공양을 마치고는 결가부좌하여 앞 시절과 뒤 시절의 말할 수 없는 겁을 지나도록, 부처님이 받는 바 부사의한 즐거움에 들어가 그 몸이 편안하게 머물러서 고요히 흔들리지 않으나, 또한 중생들을 교화하는 일을 폐하여 버리지 않으신다.

불자여, 가령 어떤 사람이 허공에 두루한 낱낱 세계를 모두 털끝으로써 차례로 헤아리는데, 모든 부처님께서 능히 한 털끝만 한 곳에서 결가부좌하여 미래 겁이 다하도록 하며, 한 털끝만 한 곳에서처럼 일체 털끝만 한 곳

결가부좌 진미래겁 여일모단처 일
結跏趺坐하사 盡未來劫하며 如一毛端處하야 一

체모단처 실역여시
切毛端處도 悉亦如是니라

불자 가사시방일체세계소유중생 일
佛子야 假使十方一切世界所有衆生에 一

일중생 기신대소 실여불가설불찰미
一衆生의 其身大小가 悉與不可說佛刹微

진수세계 양등 경중 역이 제불 능
塵數世界로 量等하고 輕重도 亦爾하야 諸佛이 能

이 이소중생 치일지단 진어후제소
以爾所衆生으로 置一指端하야 盡於後際所

유제겁 일체지단 개역여시 진지
有諸劫하며 一切指端도 皆亦如是하야 盡持

이허일체중생 입변허공일일세계 진
爾許一切衆生하고 入徧虛空一一世界하야 盡

에서도 모두 또한 그러하다.

불자여, 가령 시방의 일체 세계에 있는 바 중생들이 낱낱 중생의 그 몸 크기가 다 말할 수 없는 부처님 세계 미진수 세계와 분량이 같고 무게도 또한 그러한데, 모든 부처님께서 능히 그러한 중생들을 한 손가락 끝에 놓고 뒤 시절에 있는 바 모든 겁을 다하며, 일체 손가락 끝에도 모두 또한 이와 같이 하여 그러한 일체 중생을 다 지니고, 온 허공의 낱낱 세계에 들어가서 법계가 다하도록 모두 남음이 없게 하되 부처님의 몸과 마음은 일찍이 고달프지 아니하시다.

어법계　　실사무여　　이불신심　　증무노
於法界하야 悉使無餘호대 而佛身心은 曾無勞

권
倦이니라

시위제불　　제사대나라연당용건법
是爲諸佛의 第四大那羅延幢勇健法이니라

불자　　일체제불　　능어일신　　화현불가설불
佛子야 一切諸佛이 能於一身에 化現不可說不

가설불찰미진수두　　　일일두　　화현불가설
可說佛刹微塵數頭하며 一一頭에 化現不可說

불가설불찰미진수설　　　일일설　　화출불가
不可說佛刹微塵數舌하며 一一舌에 化出不可

설불가설불찰미진수차별음성　　　법계중
說不可說佛刹微塵數差別音聲하사 法界衆

이것이 모든 부처님의 넷째 큰 나라연 당기처럼 용맹하고 굳건한 법이다.

불자여, 일체 모든 부처님께서 능히 한 몸에서 말할 수 없이 말할 수 없는 부처님 세계 미진수의 머리를 변화하여 나타내며, 낱낱 머리에서 말할 수 없이 말할 수 없는 부처님 세계 미진수의 혀를 변화하여 나타내며, 낱낱 혀에서 말할 수 없이 말할 수 없는 부처님 세계 미진수의 차별한 음성을 변화하여 내셔서, 법계의 중생들이 다 듣지 못함이 없다.

낱낱 음성이 말할 수 없이 말할 수 없는 부

생 미불개문
生이 靡不皆聞하니라

일일음성 연불가설불가설불찰미진수수
一一音聲에 演不可說不可說佛刹微塵數修

다라장 일일수다라장 연불가설불가설
多羅藏하며 一一修多羅藏에 演不可說不可說

불찰미진수법 일일법 유불가설불가설
佛刹微塵數法하며 一一法에 有不可說不可說

불찰미진수문자구의
佛刹微塵數文字句義하니라

여시연설 진불가설불가설불찰미진수
如是演說하야 盡不可說不可說佛刹微塵數

겁 진시겁이 부갱연설 진불가설불
劫하고 盡是劫已에 復更演說하야 盡不可說不

가설불찰미진수겁
可說佛刹微塵數劫하니라

처님 세계 미진수의 수다라장을 연설하고, 낱 낱 수다라장에서 말할 수 없이 말할 수 없는 부처님 세계 미진수의 법을 연설하신다. 낱낱 법에 말할 수 없이 말할 수 없는 부처님 세계 미진수의 글자와 구절과 뜻이 있다.

이와 같이 연설하여 말할 수 없이 말할 수 없는 부처님 세계 미진수의 겁을 다하고, 이러한 겁을 다하고는 다시 또 연설하여 말할 수 없이 말할 수 없는 부처님 세계 미진수의 겁을 다한다.

이와 같이 차례로 내지 일체 세계 미진수를 다하고 일체 중생 마음의 생각의 수효를 다하

여시차제내지진어일체세계미진수　　진일
如是次第乃至盡於一切世界微塵數_{하고} 盡一

체중생심념수　　미래제겁　　유가궁진
切衆生心念數_{어든} 未來際劫_은 猶可窮盡_{이어니와}

여래화신　　소전법륜　　무유궁진
如來化身_의 所轉法輪_은 無有窮盡_{이니라}

소위지혜연설법륜　　단제의혹법륜　　조일
所謂智慧演說法輪_과 斷諸疑惑法輪_과 照一

체법법륜　　개무애장법륜　　영무량중생
切法法輪_과 開無礙藏法輪_과 令無量衆生_{으로}

환희조복법륜　　개시일체제보살행법륜
歡喜調伏法輪_과 開示一切諸菩薩行法輪_과

고승원만대지혜일법륜　　보연조세지혜명
高昇圓滿大智慧日法輪_과 普然照世智慧明

등법륜　　변재무외종종장엄법륜
燈法輪_과 辯才無畏種種莊嚴法輪_{이라}

되, 미래제의 겁은 오히려 다할 수 있지만 여래의 화신이 굴리시는 바 법륜은 다함이 없다.

이른바 지혜로 연설하는 법륜과, 모든 의혹을 끊는 법륜과, 일체 법을 비추는 법륜과, 걸림 없는 창고를 여는 법륜과, 한량없는 중생들로 하여금 환희하게 하여 조복시키는 법륜과, 일체 모든 보살의 행을 열어 보이는 법륜과, 높이 떠오르는 원만하고 큰 지혜태양의 법륜과, 세상을 비추는 지혜의 밝은 등을 널리 밝히는 법륜과, 두려움 없는 변재로 갖가지 장엄하는 법륜이다.

한 부처님 몸이 신통력으로 이와 같은 등의

여일불신　　이신통력　　전여시등차별법
如一佛身이 以神通力으로 轉如是等差別法

륜　　일체세법　　무능위유　　여시진허공
輪에 一切世法으로 無能爲諭하야 如是盡虛空

계일일모단분량지처　　유불가설불가설불
界一一毛端分量之處에 有不可說不可說佛

찰미진수세계　　일일세계중　　염념현불가
刹微塵數世界어든 一一世界中에 念念現不可

설불가설불찰미진수화신
說不可說佛刹微塵數化身하니라

일일화신　　개역여시　　소설음성문자
一一化身도 皆亦如是하야 所說音聲文字

구의　　일일충만일체법계　　기중중생　　개
句義가 一一充滿一切法界하야 其中衆生이 皆

득해료　　이불언음　　무변무단　　무유궁
得解了호대 而佛言音은 無變無斷하며 無有窮

차별한 법륜을 굴리는 것을 일체 세간 법으로 비유할 수 없듯이, 이와 같이 온 허공계의 낱낱 털끝 분량의 곳마다 말할 수 없이 말할 수 없는 부처님 세계 미진수의 세계가 있고, 낱낱 세계 가운데 생각생각마다 말할 수 없이 말할 수 없는 부처님 세계 미진수의 화신을 나타내신다.

낱낱 화신도 다 또한 이와 같아서 설하는 바 음성과 글자와 구절과 뜻이 낱낱이 일체 법계에 가득하여, 그 가운데 중생들이 다 분명히 알게 되더라도, 부처님의 말씀은 변함이 없고 끊임이 없으며 다함이 없으시다.

이것이 모든 부처님의 다섯째 큰 나라연 당

진
盡이니라

시위제불　제오대나라연당용건법
是爲諸佛의 **第五大那羅延幢勇健法**이니라

불자　일체제불　개이덕상　장엄흉억
佛子야 **一切諸佛**이 **皆以德相**으로 **莊嚴胷臆**이

유약금강　불가손괴　보리수하　결가부
猶若金剛의 **不可損壞**하야 **菩提樹下**에 **結跏趺**

좌
坐하시니라

마왕군중　기수무변　종종이형　심가포
魔王軍衆이 **其數無邊**하며 **種種異形**이 **甚可怖**

외　　중생견자　미불경섭　실발광란
畏하야 **衆生見者**가 **靡不驚懾**하야 **悉發狂亂**하고

기처럼 용맹하고 굳건한 법이다.

불자여, 일체 모든 부처님은 다 덕상으로 가슴을 장엄하심이 마치 금강의 손상하거나 깨뜨릴 수 없음과 같으며, 보리수 아래에 결가부좌하시었다.

마왕의 군대는 그 수가 끝이 없는데 갖가지 기이한 형상이 매우 두렵고 무서워서, 중생들이 보는 자가 놀라고 두려워하지 않음이 없어 모두 광란을 일으키고 어떤 때는 죽음에 이른다. 이러한 마군의 무리들이 허공에 가득하였다.

여래께서 그들을 보시고는 마음에 무서워하

혹시치사　　여시마중　변만허공
或時致死_{하는} 如是魔衆_이 徧滿虛空_{이니라}

여래견지　　심무공포　　　용색불변　　일모
如來見之_에 心無恐怖_{하야} 容色不變_{하며} 一毛

불수　　부동불란　　　무소분별　　이제희
不豎_{하야} 不動不亂_{하며} 無所分別_{하야} 離諸喜

로　　적연청정　　주불소주　　구자비력
怒_{하며} 寂然淸淨_{하야} 住佛所住_{하며} 具慈悲力_{하야}

제근조복　　　심무소외　　비제마중　소능
諸根調伏_{하며} 心無所畏_{하야} 非諸魔衆_의 所能

경동　　이능최복일체마군　　개사회심
傾動_{이요} 而能摧伏一切魔軍_{하야} 皆使迴心_{하야}

계수귀의
稽首歸依_{하니라}

연후　부이삼륜교화　　영기실발아뇩다라
然後_에 復以三輪敎化_{하사} 令其悉發阿耨多羅

거나 두려움이 없어 얼굴색이 변하지 않으며,
하나의 털끝도 곤두서지 않아서 흔들리지 않
고 어지럽지도 않으며, 분별하는 바가 없어 모
든 기쁨과 분노를 떠났으며, 고요하고 청정하
게 부처님께서 머무르신 곳에 머무르며, 자비
의 힘을 갖추어 모든 근이 조복되고 마음에
두려워하는 바가 없어서, 모든 마군의 무리가
흔들 수 있는 바가 아니며, 능히 일체 마군을
꺾어 굴복시켜서 모두 마음을 돌이켜 머리를
조아리고 귀의하게 한다.

 그러한 뒤에 다시 삼륜으로 교화하여 그들로
하여금 모두 아뇩다라삼먁삼보리의 뜻을 내

삼먁삼보리의　　영불퇴전
三藐三菩提意하야 永不退轉이니라

시위제불　제육대나라연당용건법
是爲諸佛의 第六大那羅延幢勇健法이니라

불자　일체제불　유무애음　기음　보변
佛子야 一切諸佛이 有無礙音하사 其音이 普徧

시방세계　중생문자　자연조복　피제
十方世界어든 衆生聞者가 自然調伏하나니 彼諸

여래　소출음성　수미로등일체제산　불능
如來의 所出音聲을 須彌盧等一切諸山이 不能

위장
爲障이니라

천궁　용궁　야차궁　건달바　아수라　가
天宮과 龍宮과 夜叉宮과 乾闥婆와 阿脩羅와 迦

어 길이 물러나지 않게 하신다.

이것이 모든 부처님의 여섯째 큰 나라연 당기처럼 용맹하고 굳건한 법이다.

불자여, 일체 모든 부처님은 걸림 없는 음성이 있어서 그 소리가 시방세계에 널리 두루하였는데 중생들이 듣는 자는 저절로 조복된다. 저 모든 여래께서 내는 음성은 수미로 등 일체 모든 산이 능히 막지 못한다.

천궁과, 용궁과, 야차궁과, 건달바와 아수라와 가루라와 긴나라와 마후라가와 사람인 듯 사람 아닌 듯한 이 등의 일체 모든 궁이 막을

루라   긴나라   마후라가   인비인등일체제
樓羅와 緊那羅와 摩睺羅伽와 人非人等一切諸

궁   소불능장   일체세계고대음성   역불
宮의 所不能障이며 一切世界高大音聲도 亦不

능장   수소응화   일체중생   미불개문
能障이라 隨所應化하야 一切衆生이 靡不皆聞하야

문자구의   실득해료
文字句義를 悉得解了하나니라

시위제불   제칠대나라연당용건법
是爲諸佛의 第七大那羅延幢勇健法이니라

불자   일체제불   심무장애   어백천억나
佛子야 一切諸佛이 心無障礙하야 於百千億那

유타불가설불가설겁   항선청정   거래현
由他不可說不可說劫에 恒善淸淨하야 去來現

수 없는 바이다. 일체 세계의 높고 큰 음성도 또한 능히 막을 수 없으며, 마땅히 교화할 바를 따라서 일체 중생이 다 듣지 못함이 없어, 그 글자와 구절과 뜻을 다 분명히 알게 된다.

이것이 모든 부처님의 일곱째 큰 나라연 당기처럼 용맹하고 굳건한 법이다.

불자여, 일체 모든 부처님의 마음은 장애가 없어 백천억 나유타 말할 수 없이 말할 수 없는 겁 동안 항상 착하고 청정하며, 과거와 미래와 현재의 일체 모든 부처님께서 동일한 체성이다.

흐림도 없고 가림도 없으며, '나'도 없고 나

재일체제불　동일체성
在一切諸佛로 同一體性이라

무탁무예　무아무아소　비내비외　요
無濁無翳하며 無我無我所하며 非內非外라 了

경공적　불생망상　무소의무소작　부
境空寂하야 不生妄想하며 無所依無所作하야 不

주제상　영단분별　본성청정　사리일
住諸相하며 永斷分別하야 本性淸淨하며 捨離一

체반연억념　어일체법　상무위쟁
切攀緣憶念하야 於一切法에 常無違諍하니라

주어실제　이욕청정　입진법계　연설
住於實際하야 離欲淸淨하며 入眞法界하야 演說

무진　이량비량소유망상　절위무위일
無盡하며 離量非量所有妄想하고 絶爲無爲一

체언설　어불가설무변경계　실이통달
切言說하며 於不可說無邊境界에 悉已通達하야

의 것도 없으며, 안도 아니고 밖도 아니며, 경계가 공적함을 알아 허망한 생각을 내지 않으며, 의지할 바도 없고 지을 바도 없어서, 모든 모양에 머무르지 않으며, 길이 분별을 끊어 본 성품이 청정하며, 일체 반연과 기억을 버리고 여의어 일체 법에 항상 어김이나 다툼이 없다.

실제에 머물러서 탐욕을 떠나 청정하며, 진여법계에 들어가 연설함이 다함이 없으며, 헤아림과 헤아림이 아닌, 있는 바 허망한 생각을 여의었다. 유위와 무위의 일체 말이 끊어졌으며, 말할 수 없고 가없는 경계를 다 이미 통달하여 걸림이 없고 다함이 없다.

무애무진
無礙無盡하니라

지혜방편　　　성취십력　　일체공덕　장엄
智慧方便으로 成就十力하야 一切功德이 莊嚴

청정　　　연설종종무량제법　　개여실상
清淨하며 演說種種無量諸法호대 皆與實相으로

불상위배　　　어제법계삼세제법　실등무
不相違背하며 於諸法界三世諸法에 悉等無

이　　구경자재
異하야 究竟自在하니라

입일체법최승지장　　　일체법문　정념불
入一切法最勝之藏하야 一切法門에 正念不

혹　　안주시방일체불찰　이무동전　　득
惑하며 安住十方一切佛刹하야 而無動轉하며 得

부단지　　지일체법구경무여　진제유루
不斷智하야 知一切法究竟無餘하며 盡諸有漏하야

지혜와 방편으로 십력을 성취하고 일체 공덕과 장엄이 청정하며, 갖가지 한량없는 모든 법을 연설하되 모두 실상과 더불어 서로 위배되지 않으며, 모든 법계의 삼세 모든 법이 다 평등하여 다름이 없어서 구경에 자재하다.

일체 법의 가장 수승한 법장에 들어가 일체 법문에 바른 생각으로 미혹되지 않으며, 시방의 일체 부처님 세계에 편안히 머물러 동요하지 않으며, 끊어짐이 없는 지혜를 얻어 일체 법을 알아 끝까지 남음이 없으며, 모든 유루를 다하여 마음을 잘 해탈하고 지혜로 잘 해탈하며, 실제에 머물러 걸림 없이 통달하여

심선해탈　　혜선해탈　　주어실제　　통달
心善解脫하고 慧善解脫하며 住於實際하야 通達

무애　　심상정정　　어삼세법　　급이일체
無礙하야 心常正定하며 於三世法과 及以一切

중생심행　　일념요달　　개무장애
衆生心行에 一念了達하야 皆無障礙하나니라

시위제불　　제팔대나라연당용건법
是爲諸佛의 第八大那羅延幢勇健法이니라

불자　　일체제불　　동일법신　　경계무량
佛子야 一切諸佛이 同一法身이며 境界無量

신　　공덕무변신　　세간무진신　　삼계불
身이며 功德無邊身이며 世閒無盡身이며 三界不

염신　　수념시현신　　비실비허　　평등청
染身이며 隨念示現身이며 非實非虛한 平等淸

마음이 항상 바른 선정에 있으며, 삼세 법과 일체 중생의 마음의 행을 한 생각에 분명하게 통달하여 모두 장애가 없다.

이것이 모든 부처님의 여덟째 큰 나라연 당기처럼 용맹하고 굳건한 법이다.

불자여, 일체 모든 부처님은 동일한 법신이시다. 경계가 한량없는 몸이며, 공덕이 가없는 몸이며, 세간에 다함없는 몸이며, 삼계에 물들지 않는 몸이며, 생각을 따라 나타내 보이는 몸이며, 진실함도 아니고 허망함도 아닌 평등하고 청정한 몸이며, 옴도 없고 감도 없는 무

정신　　무래무거　무위불괴신　　일상무
淨身이며 無來無去한 無爲不壞身이며 一相無

상　법자성신
相한 法自性身이니라

무처무방　　변일체신　　신변자재　무변색
無處無方한 徧一切身이며 神變自在한 無邊色

상신　　종종시현　　보입일체신　묘법방
相身이며 種種示現하야 普入一切身이며 妙法方

편신　　지장보조신　　시법평등신　　보변
便身이며 智藏普照身이며 示法平等身이며 普徧

법계신　　무동무분별　　비유비무　상청
法界身이며 無動無分別하고 非有非無한 常淸

정신
淨身이니라

비방편비불방편　　비멸비불멸　　수소응
非方便非不方便이며 非滅非不滅이로대 隨所應

위의 무너지지 않는 몸이며, 한 모양이고 모양이 없는 법의 자체 성품인 몸이다.

처소도 없고 방향도 없는 일체에 두루한 몸이며, 신통 변화가 자재한 가없는 색상의 몸이며, 갖가지로 나타내 보여서 널리 일체에 들어가는 몸이며, 미묘한 법의 방편인 몸이며, 지혜창고가 널리 비추는 몸이며, 법을 평등하게 보이는 몸이며, 법계에 널리 두루한 몸이며, 움직임도 없고 분별도 없고 있지도 않고 없지도 않은 항상 청정한 몸이다.

방편도 아니고 방편 아님도 아니며 사라짐도 아니고 사라지지 않음도 아니되 마땅히 교화

화일체중생 종종신해 이시현신
化一切衆生의 種種信解하야 而示現身이니라

종일체공덕보소생신 구일체제불법진여
從一切功德寶所生身이며 具一切諸佛法眞如

신 본성적정무장애신 성취일체무애
身이며 本性寂靜無障礙身이며 成就一切無礙

법신 변주일체청정법계신 분형보변
法身이며 徧住一切淸淨法界身이며 分形普徧

일체세간신 무반연무퇴전영해탈 구
一切世間身이며 無攀緣無退轉永解脫하야 具

일체지보요달신
一切智普了達身이니라

시위제불 제구대나라연당용건법
是爲諸佛의 第九大那羅延幢勇健法이니라

할 바 일체 중생의 갖가지 믿고 이해함을 따라 나타내 보이는 몸이다.

일체 공덕 보배에서 생긴 몸이며, 일체 모든 부처님의 법을 갖춘 진여의 몸이며, 본래성품이 적정하여 장애가 없는 몸이며, 일체 걸림 없는 법을 성취한 몸이며, 일체 청정한 법계에 두루 머무르는 몸이며, 형상을 나누어 일체 세간에 널리 두루하는 몸이며, 반연함도 없고 물러남도 없이 길이 해탈하여 일체지를 갖추어 널리 요달하는 몸이다.

이것이 모든 부처님의 아홉째 큰 나라연 당기처럼 용맹하고 굳건한 법이다.

불자   일체제불   등오일체제여래법   등
佛子야 一切諸佛이 等悟一切諸如來法하며 等

수일체제보살행   약원약지   청정평등
修一切諸菩薩行하며 若願若智가 淸淨平等이

유여대해   실득만족   행력존승   미증
猶如大海하야 悉得滿足하며 行力尊勝하야 未曾

퇴겁
退怯하나라

주제삼매무량경계   시일체도   권선계
住諸三昧無量境界하야 示一切道하야 勸善誡

악   지력제일   연법무외   수유소문
惡하며 智力第一로 演法無畏하며 隨有所問하야

실능선답   지혜설법   평등청정   신어
悉能善答하며 智慧說法이 平等淸淨하며 身語

의행   실개무잡
意行이 悉皆無雜하나라

불자여, 일체 모든 부처님께서 일체 모든 여래의 법을 평등하게 깨달으며, 일체 모든 보살행을 평등하게 닦으며, 서원과 지혜가 청정하고 평등함이 마치 큰 바다와 같아서 모두 만족함을 얻으며, 수행의 힘이 높고 수승하여 일찍이 물러나거나 겁내지 않으신다.

모든 삼매의 한량없는 경계에 머물러 일체 도리를 보여 선을 권하고 악을 경계하며, 지혜의 힘이 제일이어서 법을 연설함에 두려움이 없으며, 묻는 바가 있음을 따라서 다 능히 잘 대답하며, 지혜로 법을 설함이 평등하고 청정하며, 몸과 말과 뜻의 행이 모두 다 잡됨이 없

주불소주제불종성　　이불지혜　　이작불
住佛所住諸佛種性하야 以佛智慧로 而作佛

사　　주일체지　　연무량법　무유근본
事하며 住一切智하야 演無量法이 無有根本하고

무유변제　　신통지혜　　불가사의　　일체
無有邊際하며 神通智慧가 不可思議하야 一切

세간　무능해료　　지혜심입　　견일체법
世間이 無能解了하며 智慧深入하야 見一切法이

미묘광대　　무량무변
微妙廣大하야 無量無邊하니라

삼세법문　함선통달　　일체세계　실능개
三世法門을 咸善通達하며 一切世界를 悉能開

효　　이출세지　어제세간　작불가설종종
曉하며 以出世智로 於諸世間에 作不可說種種

불사　　성불퇴지　　입제불수
佛事하며 成不退智하야 入諸佛數하니라

으시다.

부처님께서 머무르시는 바 모든 부처님의 종성에 머물러서 부처님의 지혜로 불사를 지으며, 일체지에 머물러 한량없는 법이 근본도 없고 끝이 없음을 연설하며, 신통과 지혜는 불가사의하여 일체 세간이 분명히 알지 못하며, 지혜에 깊이 들어가서 일체 법이 미묘하고 광대하여 한량없고 가없음을 보신다.

삼세의 법문을 모두 잘 통달하며, 일체 세계를 모두 능히 깨우치며, 출세간 지혜로 모든 세간에서 말할 수 없는 갖가지 불사를 지으며, 물러나지 않는 지혜를 이루어 모든 부처님

수이증득불가언설이문자법　이능개시종
雖已證得不可言說離文字法이나 而能開示種

종언사　이보현지　집제선행　성취일
種言辭하야 以普賢智로 集諸善行하며 成就一

념상응묘혜　어일체법　실능각료　여
念相應妙慧하야 於一切法에 悉能覺了하며 如

선소념일체중생　개의자승　이시기법
先所念一切衆生에 皆依自乘하야 而施其法하며

일체제법　일체세계　일체중생　일체삼
一切諸法과 一切世界와 一切衆生과 一切三

세　어법계내　여시경계　기량무변　이무
世의 於法界內에 如是境界가 其量無邊을 以無

애지　실능지견
礙智로 悉能知見이니라

불자　일체제불　어일념경　수소응화
佛子야 一切諸佛이 於一念頃에 隨所應化하사

의 수효에 들어가신다.

비록 말할 수 없고 글자를 떠난 법을 이미 증득하였으나 갖가지 말을 능히 열어 보이며, 보현의 지혜로 모든 선행을 모으며, 한 생각에 서로 응하는 미묘한 지혜를 성취하여 일체 법을 다 능히 밝게 깨달으며, 먼저 생각한 바와 같이 일체 중생에게 다 스스로의 법에 의지하도록 그 법을 베푼다. 일체 모든 법과, 일체 세계와, 일체 중생과, 일체 삼세의 법계 안에 이와 같은 경계가 그 양이 가없음을 걸림 없는 지혜로 다 능히 알고 보신다.

불자여, 일체 모든 부처님께서 한 생각 동안

출흥어세　주청정토　성등정각　현신
出興於世하며 住淸淨土하사 成等正覺하며 現神

통력　개오삼세일체중생　심의급식
通力하사 開悟三世一切衆生의 心意及識호대

불실어시
不失於時니라

불자　중생　무변　세계　무변　법계
佛子야 衆生이 無邊하며 世界가 無邊하며 法界가

무변　삼세　무변　제불최승　역무유
無邊하며 三世가 無邊이어든 諸佛最勝도 亦無有

변　실현어중　성등정각　이불지혜
邊하야 悉現於中하야 成等正覺하사 以佛智慧로

방편개오　무유휴식
方便開悟호대 無有休息이니라

불자　일체제불　이신통력　현최묘신
佛子야 一切諸佛이 以神通力으로 現最妙身하야

에 마땅히 교화할 바를 따라 세상에 출현하며, 청정한 국토에 머물러 등정각을 이루고 신통력을 나타내어 삼세 일체 중생의 마음과 뜻과 식을 깨우치되 때를 잃지 않으신다.

불자여, 중생들이 가없고, 세계가 가없고, 법계가 가없고, 삼세가 가없는데, 모든 부처님의 가장 수승함도 또한 가없어서 다 그 가운데 나타나 등정각을 이루고, 부처님의 지혜로써 방편으로 깨닫게 하되 휴식함이 없으시다.

불자여, 일체 모든 부처님께서 신통력으로 가장 미묘한 몸을 나타내어 가없는 곳에 머무르며, 대비의 방편으로 마음이 장애가 없어서

주무변처 　 대비방편 　 심무장애 　 어일
住無邊處하며 大悲方便으로 心無障礙하사 於一

체시 　 상위중생 　 연설묘법
切時에 常爲衆生하야 演說妙法하나니라

시위제불 　 제십대나라연당용건법
是爲諸佛의 第十大那羅延幢勇健法이니라

불자 　 차일체제불 　 대나라연당용건법 　 무
佛子야 此一切諸佛의 大那羅延幢勇健法이 無

량무변 　 불가사의 　 거래현재일체중생
量無邊하야 不可思議라 去來現在一切衆生과

급이이승 　 불능해료 　 유제여래신력소가
及以二乘은 不能解了요 唯除如來神力所加니라

일체 때에 항상 중생들을 위하여 미묘한 법을 연설하신다.

이것이 모든 부처님의 열째 큰 나라연 당기처럼 용맹하고 굳건한 법이다.

불자여, 이 일체 모든 부처님의 큰 나라연 당기처럼 용맹하고 굳건한 법은 한량없고 가없고 불가사의하여 과거와 미래와 현재의 일체 중생과 그리고 이승들이 분명히 알 수 없고, 오직 여래의 위신력으로 가피하신 이는 제외한다.

불자　제불세존　유십종결정법　　하등
佛子야 **諸佛世尊**이 **有十種決定法**하시니 **何等**이

위십
爲十고

소위일체제불　정종도솔　수진하생　　일
所謂一切諸佛이 **定從兜率**로 **壽盡下生**하며 **一**

체제불　정시수생　　처태시월
切諸佛이 **定示受生**하야 **處胎十月**하니라

일체제불　정염세속　　낙구출가　　일체
一切諸佛이 **定厭世俗**하야 **樂求出家**하며 **一切**

제불　결정좌어보리수하　　성등정각
諸佛이 **決定坐於菩提樹下**하사 **成等正覺**하야

오제불법
悟諸佛法하니라

일체제불　정어일념　오일체법　　일체세
一切諸佛이 **定於一念**에 **悟一切法**하야 **一切世**

불자여, 모든 부처님 세존께는 열 가지 결정한 법이 있으니, 무엇이 열인가?

이른바 일체 모든 부처님께서 결정코 도솔천에서 수명이 다하면 내려와 탄생하시며, 일체 모든 부처님께서 결정코 탄생할 때 열 달 동안 태에 머무름을 보이신다.

일체 모든 부처님께서 결정코 세속을 싫어하여 출가를 즐거이 구하시며, 일체 모든 부처님께서 결정코 보리수 아래 앉아서 등정각을 이루어 모든 불법을 깨달으신다.

일체 모든 부처님께서 결정코 한 생각에 일체 법을 깨닫고 일체 세계에서 위신력을 나타

계　　시현신력　　일체제불　　정능응시
界에 示現神力하며 一切諸佛이 定能應時하야

전묘법륜
轉妙法輪하니라

일체제불　　정능수피소종선근　　　응시설
一切諸佛이 定能隨彼所種善根하사 應時說

법　　　이위수기　　일체제불　　정능응시
法하야 而爲授記하며 一切諸佛이 定能應時하야

위작불사
爲作佛事하니라

일체제불　　정능위제성취보살　　　이수기
一切諸佛이 定能爲諸成就菩薩하야 而授記

별　　　일체제불　　정능일념　　보답일체중생
別하며 一切諸佛이 定能一念에 普答一切衆生

소문
所問이니라

내 보이시며, 일체 모든 부처님께서 결정코 능히 때에 응하여 미묘한 법륜을 굴리신다.

일체 모든 부처님께서 결정코 능히 저들이 심은 바 선근을 따라서 때에 응하여 법을 설하고 수기를 주시며, 일체 모든 부처님께서 결정코 능히 때에 응하여 불사를 지으신다.

일체 모든 부처님께서 결정코 능히 보살들을 모두 성취하기 위하여 수기를 주시며, 일체 모든 부처님께서 결정코 능히 한 생각 동안에 일체 중생의 질문하는 바에 널리 대답하신다.

이것이 열이다.

시 위 십
是爲十이니라

불자　제불세존이　유십종속질법　　하 등이
佛子야　**諸佛世尊**이　**有十種速疾法**하시니　**何等**이

위 십
爲十고

소위일체제불을　약유견자면　속득원리일체
所謂一切諸佛을　**若有見者**면　**速得遠離一切**

악 취 하며　일체제불을　약유견자면　속득원만수
惡趣하며　**一切諸佛**을　**若有見者**면　**速得圓滿殊**

승공덕하며　일체제불을　약유견자면　속능성취
勝功德하며　**一切諸佛**을　**若有見者**면　**速能成就**

광대선근하며　일체제불을　약유견자면　속득왕
廣大善根하며　**一切諸佛**을　**若有見者**면　**速得往**

불자여, 모든 부처님 세존께는 열 가지 빠른 법이 있으니, 무엇이 열인가?

이른바 일체 모든 부처님을 만약 친견하는 자는 빨리 일체 나쁜 갈래를 멀리 여의게 되며, 일체 모든 부처님을 만약 친견하는 자는 빨리 수승한 공덕을 원만하게 되며, 일체 모든 부처님을 만약 친견하는 자는 빨리 능히 광대한 선근을 성취하며, 일체 모든 부처님을 만약 친견하는 자는 빨리 청정하고 미묘한 천상에 왕생하게 된다.

일체 모든 부처님을 만약 친견하는 자는 빨리 능히 일체 의혹을 끊어 없애며, 일체 모든

생정묘천상
生淨妙天上하니라

일체제불　약유견자　속능제단일체의혹
一切諸佛을 若有見者면 速能除斷一切疑惑하며

일체제불　약이발보리심　이득견자　속
一切諸佛을 若已發菩提心하야 而得見者면 速

득성취광대신해　영불퇴전　능수소
得成就廣大信解하야 永不退轉하고 能隨所

응　교화중생　약미발심　즉능속발
應하야 敎化衆生이어니와 若未發心이면 即能速發

아뇩다라삼먁삼보리심
阿耨多羅三藐三菩提心하니라

일체제불　약미입정위　이득견자　속입
一切諸佛을 若未入正位하고 而得見者면 速入

정위　일체제불　약유견자　속능청정세
正位하며 一切諸佛을 若有見者면 速能清淨世

부처님을 만약 이미 보리심을 내어 친견하는
자는 빨리 광대한 믿음과 지혜를 성취함을 얻
어 길이 물러나지 않고 능히 응할 바를 따라
서 중생들을 교화하며, 만약 아직 발심하지
못하였다면 곧 능히 빨리 아뇩다라삼먁삼보리
심을 일으킨다.

일체 모든 부처님을 만약 아직 바른 지위에
들어가지 못하고 친견하는 자는 빨리 바른 지
위에 들어가며, 일체 모든 부처님을 만약 친
견하는 자는 빨리 능히 세간과 출세간의 일체
모든 근기를 청정하게 한다.

일체 모든 부처님을 만약 친견하는 자는 빨

출세간일체제근
出世間一切諸根하나니라

일체제불　약유견자　속득제멸일체장애
一切諸佛을 若有見者면 速得除滅一切障礙하며

일체제불　약유견자　속능획득무외변재
一切諸佛을 若有見者면 速能獲得無畏辯才니라

시위십
是爲十이니라

불자　제불세존　유십종응상억념청정
佛子야 諸佛世尊이 有十種應常憶念淸淨

법　　하등　위십
法하시니 何等이 爲十고

소위일체제불　과거인연　일체보살　응상
所謂一切諸佛의 過去因緣을 一切菩薩이 應常

리 일체 장애를 제거하여 없애게 되며, 일체
모든 부처님을 만약 친견하는 자는 빨리 능히
두려움 없는 변재를 얻는다.

이것이 열이다.

불자여, 모든 부처님 세존께는 열 가지 마땅
히 항상 기억해야 할 청정한 법이 있으니, 무
엇이 열인가?

이른바 일체 모든 부처님의 과거 인연을 일
체 보살이 마땅히 항상 기억해야 하며, 일체
모든 부처님의 청정하고 수승한 행을 일체 보
살이 마땅히 항상 기억해야 하며, 일체 모든

억념   일체제불   청정승행   일체보살
憶念하며 一切諸佛의 淸淨勝行을 一切菩薩이

응상억념   일체제불   만족제도   일체보
應常憶念하며 一切諸佛의 滿足諸度를 一切菩

살   응상억념
薩이 應常憶念하니라

일체제불   성취대원   일체보살   응상억
一切諸佛의 成就大願을 一切菩薩이 應常憶

념   일체제불   적집선근   일체보살   응
念하며 一切諸佛의 積集善根을 一切菩薩이 應

상억념   일체제불   이구범행   일체보
常憶念하며 一切諸佛의 已具梵行을 一切菩

살   응상억념
薩이 應常憶念하니라

일체제불   현성정각   일체보살   응상억
一切諸佛의 現成正覺을 一切菩薩이 應常憶

부처님의 만족한 모든 바라밀을 일체 보살이 마땅히 항상 기억해야 한다.

일체 모든 부처님의 성취한 큰 서원을 일체 보살이 마땅히 항상 기억해야 하며, 일체 모든 부처님의 쌓아 모은 선근을 일체 보살이 마땅히 항상 기억해야 하며, 일체 모든 부처님의 이미 구족한 범행을 일체 보살이 마땅히 항상 기억해야 한다.

일체 모든 부처님의 바른 깨달음 이룸을 나타낸 것을 일체 보살이 마땅히 항상 기억해야 하며, 일체 모든 부처님의 색신이 한량없음을 일체 보살이 마땅히 항상 기억해야 하며, 일체

념   일체제불   색신무량   일체보살   응
念하며 一切諸佛의 色身無量을 一切菩薩이 應

상억념   일체제불   신통무량   일체보
常憶念하며 一切諸佛의 神通無量을 一切菩

살   응상억념   일체제불   십력무외   일
薩이 應常憶念하며 一切諸佛의 十力無畏를 一

체보살   응상억념
切菩薩이 應常憶念이니라

시위십
是爲十이니라

불자   제불세존   유십종일체지주   하
佛子야 諸佛世尊이 有十種一切智住하시니 何

모든 부처님의 한량없는 신통을 일체 보살이 마땅히 항상 기억해야 하며, 일체 모든 부처님의 십력과 무외를 일체 보살이 마땅히 항상 기억해야 한다.

이것이 열이다.

불자여, 모든 부처님 세존께는 열 가지 일체지에 머무름이 있으니, 무엇이 열인가?

이른바 일체 모든 부처님께서 한 생각 동안에 삼세 일체 중생의 마음과 마음이 행한 바를 다 아시며, 일체 모든 부처님께서 한 생각

등 위십
等이 爲十고

소위일체제불 어일념중 실지삼세일체
所謂一切諸佛이 於一念中에 悉知三世一切

중생 심심소행 일체제불 어일념중
衆生의 心心所行하며 一切諸佛이 於一念中에

실지삼세일체중생 소집제업 급업과보
悉知三世一切衆生의 所集諸業과 及業果報하며

일체제불 어일념중 실지일체중생 소
一切諸佛이 於一念中에 悉知一切衆生의 所

의 이삼종륜 교화조복
宜하사 以三種輪으로 敎化調伏하나라

일체제불 어일념중 진지법계일체중
一切諸佛이 於一念中에 盡知法界一切衆

생 소유심상 어일체처 보현불흥
生의 所有心相하사 於一切處에 普現佛興하사

동안에 삼세 일체 중생의 모은 바 모든 업과 그리고 업의 과보를 다 아시며, 일체 모든 부처님께서 한 생각 동안에 일체 중생의 마땅한 바를 다 알고 세 가지 법륜으로 교화하여 조복하신다.

일체 모든 부처님께서 한 생각 동안에 법계 일체 중생의 있는 바 마음의 모습을 다 알아 일체 처에 부처님께서 출현함을 널리 나타내어 그들이 보게 하여 방편으로 거두어 주신다.

일체 모든 부처님께서 한 생각 동안에 널리 법계 일체 중생의 마음에 즐거움과 욕망과 지

영기득견　　방편섭수
令其得見하야 方便攝受하니라

일체제불　　어일념중　　보수법계일체중생
一切諸佛이 於一念中에 普隨法界一切衆生의

심락욕해　　시현설법　　영기조복　　일체
心樂欲解하사 示現說法하야 令其調伏하며 一切

제불　　어일념중　　실지법계일체중생심지
諸佛이 於一念中에 悉知法界一切衆生心之

소락　　위현신력　　일체제불　　어일념중
所樂하사 爲現神力하며 一切諸佛이 於一念中에

변일체처　　수소응화일체중생　　시현출
徧一切處하사 隨所應化一切衆生하야 示現出

흥　　위설불신　　불가취착
興하사 爲說佛身의 不可取著하니라

일체제불　　어일념중　　보지법계일체처일
一切諸佛이 於一念中에 普至法界一切處一

해를 따라서 법을 설함을 나타내 보여 그들로 하여금 조복하게 하시며, 일체 모든 부처님께서 한 생각 동안에 법계 일체 중생의 마음에 즐겨하는 바를 다 알아서 위신력을 나타내시며, 일체 모든 부처님께서 한 생각 동안에 일체 처에 두루하여 마땅히 교화할 바 일체 중생을 따라서 출현함을 나타내 보이되 부처님의 몸은 집착할 수 없음을 설하신다.

일체 모든 부처님께서 한 생각 동안에 법계의 일체 처에 있는 일체 중생의 저마다의 모든 길에 널리 이르시며, 일체 모든 부처님께서 한 생각 동안에 모든 중생들의 기억하는 자를 따

체 중 생　　피 피 제 도　　　일 체 제 불　　어 일 념
切衆生의 彼彼諸道하며 一切諸佛이 於一念

중　　수 제 중 생　　유 억 념 자　　재 재 처 처　　무
中에 隨諸衆生의 有憶念者하사 在在處處에 無

불 왕 응　　　일 체 제 불　　어 일 념 중　　실 지 일 체
不往應하며 一切諸佛이 於一念中에 悉知一切

중 생 해 욕　　위 기 시 현 무 량 색 상
衆生解欲하사 爲其示現無量色相이니라

시 위 십
是爲十이니라

불 자　　제 불 세 존　　유 십 종 무 량 불 가 사 의 불
佛子야 諸佛世尊이 有十種無量不可思議佛

삼 매　　　하 등　　위 십
三昧하시니 何等이 爲十고

라서 있는 곳마다 가서 응하시지 않음이 없으며, 일체 모든 부처님께서 한 생각 동안에 일체 중생의 이해와 욕망을 다 알고 그들을 위하여 한량없는 색상을 나타내 보이신다.

이것이 열이다.

불자여, 모든 부처님 세존께는 열 가지 한량없고 불가사의한 부처님 삼매가 있으니, 무엇이 열인가?

이른바 일체 모든 부처님께서 항상 바른 선정에 있으면서 한 생각 동안에 일체 처에 두루하여 널리 중생들을 위하여 미묘한 법을 널리

소위일체제불　　항재정정　　　어일념중　　변
所謂一切諸佛이 恒在正定하사 於一念中에 徧

일체처　　　보위중생　　　광설묘법　　　일체제
一切處하사 普爲衆生하야 廣說妙法하며 一切諸

불　　항재정정　　　어일념중　　변일체처　　　보
佛이 恒在正定하사 於一念中에 徧一切處하사 普

위중생　　　설무아제
爲衆生하야 說無我際하니라

일체제불　　항주정정　　　어일념중　　변일체처
一切諸佛이 恒住正定하사 於一念中에 徧一切處하사

보입삼세　　　일체제불　　항재정정　　　어일
普入三世하며 一切諸佛이 恒在正定하사 於一

념중　　변일체처　　　보입시방광대불찰
念中에 徧一切處하사 普入十方廣大佛刹하니라

일체제불　　항재정정　　　어일념중　　변일체
一切諸佛이 恒在正定하사 於一念中에 徧一切

설하시며, 일체 모든 부처님께서 항상 바른 선정에 있으면서 한 생각 동안에 일체 처에 두루하여 널리 중생들을 위하여 무아의 경계를 설하신다.

일체 모든 부처님께서 항상 바른 선정에 머무르면서 한 생각 동안에 일체 처에 두루하여 삼세에 널리 들어가시며, 일체 모든 부처님께서 항상 바른 선정에 있으면서 한 생각 동안에 일체 처에 두루하여 시방의 광대한 부처님 세계에 널리 들어가신다.

일체 모든 부처님께서 항상 바른 선정에 있으면서 한 생각 동안에 일체 처에 두루하여

처   보현무량종종불신   일체제불   항
處하사 普現無量種種佛身하며 一切諸佛이 恒

재정정   어일념중   변일체처   수제중
在正定하사 於一念中에 徧一切處하사 隨諸衆

생   종종심해   현신어의
生의 種種心解하야 現身語意하니라

일체제불   항재정정   어일념중   변일체
一切諸佛이 恒在正定하사 於一念中에 徧一切

처   설일체법   이욕진제   일체제불   항
處하사 說一切法의 離欲眞際하며 一切諸佛이 恒

주정정   어일념중   변일체처   연설일
住正定하사 於一念中에 徧一切處하사 演說一

체연기자성
切緣起自性하니라

일체제불   항주정정   어일념중   변일체
一切諸佛이 恒住正定하사 於一念中에 徧一切

한량없는 갖가지 부처님 몸을 널리 나타내시며, 일체 모든 부처님께서 항상 바른 선정에 있으면서 한 생각 동안에 일체 처에 두루하여 모든 중생들의 갖가지 마음의 이해를 따라 몸과 말과 뜻을 나타내신다.

일체 모든 부처님께서 항상 바른 선정에 있으면서 한 생각 동안에 일체 처에 두루하여 일체 법의 욕심을 여읜 진제를 설하시며, 일체 모든 부처님께서 항상 바른 선정에 머무르면서 한 생각 동안에 일체 처에 두루하여 일체 연기의 자성을 연설하신다.

일체 모든 부처님께서 항상 바른 선정에 머

處_{하사} 示現無量世出世閒廣大莊嚴_{하야} 令諸

衆生_{으로} 常得見佛_{하며} 一切諸佛_이 恒住正

定_{하사} 於一念中_에 徧一切處_{하사} 令諸衆生_{으로}

悉得通達一切佛法_의 無量解脫_{하야} 究竟到於

無上彼岸_{이니라}

是爲十_{이니라}

佛子_야 諸佛世尊_이 有十種無礙解脫_{하시니} 何

무르면서 한 생각 동안에 일체 처에 두루하여 한량없는 세간과 출세간의 광대한 장엄을 나타내 보여 모든 중생들로 하여금 항상 부처님을 친견하게 하시며, 일체 모든 부처님께서 항상 바른 선정에 머무르면서 한 생각 동안에 일체 처에 두루하여 모든 중생들로 하여금 다 일체 불법의 한량없는 해탈을 통달하여 구경에 위없는 피안에 이르게 하신다.

이것이 열이다.

불자여, 모든 부처님 세존께는 열 가지 걸림 없는 해탈이 있으니, 무엇이 열인가?

등 위십
等이 爲十고

소위일체제불 능어일진 현불가설불가
所謂一切諸佛이 能於一塵에 現不可說不可

설제불 출흥어세 일체제불 능어일
說諸佛이 出興於世하며 一切諸佛이 能於一

진 현불가설불가설제불 전정법륜
塵에 現不可說不可說諸佛이 轉淨法輪하나라

일체제불 능어일진 현불가설불가설중
一切諸佛이 能於一塵에 現不可說不可說衆

생 수화조복 일체제불 능어일진 현
生이 受化調伏하며 一切諸佛이 能於一塵에 現

불가설불가설제불국토
不可說不可說諸佛國土하나라

일체제불 능어일진 현불가설불가설보
一切諸佛이 能於一塵에 現不可說不可說菩

이른바 일체 모든 부처님께서 능히 한 티끌에 말할 수 없이 말할 수 없는 모든 부처님께서 세상에 출현함을 나타내시며, 일체 모든 부처님께서 능히 한 티끌에 말할 수 없이 말할 수 없는 모든 부처님이 청정한 법륜 굴림을 나타내신다.

일체 모든 부처님께서 능히 한 티끌에 말할 수 없이 말할 수 없는 중생들이 교화를 받고 조복함을 나타내시며, 일체 모든 부처님께서 능히 한 티끌에 말할 수 없이 말할 수 없는 모든 부처님의 국토를 나타내신다.

일체 모든 부처님께서 능히 한 티끌에 말할

살 수 기　　일 체 제 불　　능 어 일 진　　현 거 래 금
薩授記하며 **一切諸佛**이 **能於一塵**에 **現去來今**

일 체 제 불
一切諸佛하니라

일 체 제 불　　능 어 일 진　　현 거 래 금 제 세 계
一切諸佛이 **能於一塵**에 **現去來今諸世界**

종　　　일 체 제 불　　능 어 일 진　　현 거 래 금 일 체
種하며 **一切諸佛**이 **能於一塵**에 **現去來今一切**

신 통
神通하니라

일 체 제 불　　능 어 일 진　　현 거 래 금 일 체 중 생
一切諸佛이 **能於一塵**에 **現去來今一切衆生**하며

일 체 제 불　　능 어 일 진　　현 거 래 금 일 체 불
一切諸佛이 **能於一塵**에 **現去來今一切佛**

사
事하니라

수 없이 말할 수 없는 보살의 수기 받음을 나타내시며, 일체 모든 부처님께서 능히 한 티끌에 과거와 미래와 현재의 일체 모든 부처님을 나타내신다.

일체 모든 부처님께서 능히 한 티끌에 과거와 미래와 현재의 모든 세계종을 나타내시며, 일체 모든 부처님께서 능히 한 티끌에 과거와 미래와 현재의 일체 신통을 나타내신다.

일체 모든 부처님께서 능히 한 티끌에 과거와 미래와 현재의 일체 중생을 나타내시며, 일체 모든 부처님께서 능히 한 티끌에 과거와 미래와 현재의 일체 불사를 나타내신다.

시 위 십
是爲十이니라

〈大方廣佛華嚴經 卷第四十七〉

이것이 열이다."

大方廣佛華嚴經

부록

• 대방광불화엄경 목차

• 간행사

대방광불화엄경
목차

간 행 사

　귀의삼보 하옵고,

『대방광불화엄경』의 수지 독송과 유통을 발원하면서 수미정사 불전연구원에서 『독송본 한문·한글역 대방광불화엄경』과 『사경본 한글역 대방광불화엄경』을 편찬하여 간행하게 되었습니다.

『화엄경』은 우리나라에 전래된 이래 일찍부터 사경되고 주석·강설되어 왔으며 근현대에 이르러서는 『화엄경』의 한글 번역과 연구도 부쩍 많이 이루어졌습니다. 그만큼 『화엄경』이 우리 불자님들의 신행과 해탈에 큰 의지처가 되었던 것임을 알 수 있습니다.

『화엄경』을 독송하고 사경하는 공덕은 설법 공덕과 함께 크게 강조되어 왔습니다. 그리하여 수미정사 불전연구원에서도 『화엄경』(80권)을 독송하고 사경하는 데 도움이 되도록 한문 원문과 한글역을 함께 수록한 독송본과 한글역의 사경본 『화엄경』 간행불사를 발원하였습니다. 이 『화엄경』 간행불사에 뜻을 같이하여 적극 후원해주신 스님들과 재가 불자님들께 깊이 감사드립니다. 또한 『화엄경』을 수지 독송할 수 있도록 경책의 모습으로 장엄해 주신 편집위원들과 담앤북스 출판사 관계자들께도 고마움을 표합니다.

　끝으로 이 불사의 원만 회향으로 『화엄경』이 널리 유통되고, 온 법계에 부처님의 가피가 충만하시길 기원드립니다.

　나무 대방광불화엄경

불기 2564년 '부처님오신날'을 봉축하며

수미해주 합장

위태천신(동진보살)

수미해주 須彌海住

호거산 운문사에서 성관 스님을 은사로 출가, 석암 대화상을 계사로 사미니계 수계, 월하 전계사를 계사로 비구니계 수계, 계룡산 동학사 전문강원 졸업, 동국대학교 불교대학 및 동 대학원 졸업, 철학박사, 가산지관 대종사에게서 전강, 동국대학교 불교대학 교수, 동학승가대학 학장 및 화엄학림 학림장, 중앙승가대학교 법인이사 역임.
(현) 수미정사 주지, 동국대학교 명예교수.
저·역서로『의상화엄사상사연구』,『화엄의 세계』,『정선 원효』,『정선 화엄 1』,『정선 지눌』,『법계도기 총수록』,『해주스님의 법성게 강설』등 다수.

독송본 한문·한글역
대방광불화엄경 제47권

| 초판 1쇄 발행_ 2024년 8월 24일

| 엮은이_ 수미해주
| 엮은곳_ 수미정사 불전연구원
| 편집위원_ 해주 수정 경진 선초 정천 석도 박보람 최원섭
| 편집보_ 무이 무진 지욱 혜명

| 펴낸이_ 오세룡
| 펴낸곳_ 담앤북스
　　　　　서울특별시 종로구 새문안로3길 23 경희궁의 아침 4단지 805호
　　　　　대표전화 02)765-1251 전자우편 dhamenbooks@naver.com
　　　　　출판등록 제300-2011-115호
| ISBN_ 979-11-6201-831-6 04220